Carola Burkhardt-Neumann

Bin ich wirklich schizophren?

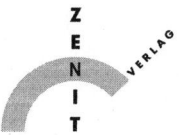

Carola Burkhardt-Neumann

Bin ich wirklich
schizophren?

Die unsicheren Diagnosen der Psychiatrie
und ihre Folgen für die Patienten

ZENIT Ratgeber
herausgegeben von Rudolf Winzen

Wichtiger Hinweis

Dieses Buch gibt ausschließlich die Meinung der Autorin wieder. Es stellt Probleme der psychiatrischen Diagnostik und Behandlung in *allgemeiner* Form dar.

Leser / Leserinnen mit *konkreten* Fragen müssen unbedingt den Rat einer psychiatrischen Fachkraft einholen.

Eine Haftung der Autorin oder des Verlags ist ausgeschlossen.

Originalausgabe – 1. Auflage 1999
© bei der Autorin und beim ZENIT Verlag – Alle Rechte vorbehalten
Umschlaggestaltung: Design Studio Würfel, München
Druck: LEGOPRINT, Lavis (Trento), Italien
Auslieferung: HEROLD, 82041 Oberhaching
Verlagsadresse: ZENIT Verlag, Lindwurmstr. 199, 80337 München
Tel. (089) 74 66 59 77 – Fax (089) 74 66 59 78
E-mail: info@zenit-verlag.de – Internet: www.zenit-verlag.de

Die Deutsche Bibliothek – CIP-Einheitsaufnahme:

Burkhardt-Neumann, Carola:
Bin ich wirklich schizophren? : die unsicheren Diagnosen der Psychiatrie und ihre Folgen für die Patienten / Carola Burkhardt-Neumann. – Orig.-Ausg., 1. Aufl. – München : Zenit-Verl., 1999
  (Zenit-Ratgeber)
  ISBN 3-928316-13-3

Inhalt

Vorwort

Dieses Buch richtet sich in erster Linie an Menschen, bei denen die Diagnose einer Psychose aus dem schizophrenen Formenkreis gestellt wurde oder bei denen zumindest die Vermutung besteht, sie könnten an einer derartigen Krankheit leiden. Manchmal wird das Wort *schizophren* dem Patienten oder der Patientin gegenüber gemieden und nur sehr allgemein von einer *endogenen Psychose* gesprochen. Psychose ist ein völlig unscharfer Oberbegriff und bedeutet nichts anderes als „schwere seelische Krankheit oder Auffälligkeit".

Wenn dies auf Sie zutrifft, kommt es natürlich sehr darauf an, wer diese Diagnose gestellt oder diese Vermutung geäußert hat. Wirklich kompetent dafür sind von der Ausbildung her nur Fachärzte/ärztinnen für Psychiatrie. Allgemeinärzte, Psychologen, Sozialarbeiter und viele therapeutisch Tätige haben oft gute Kenntnisse über derartige Krankheitsbilder und können wichtige Aufgaben in der Behandlung übernehmen. Doch sollten Sie vor jeglichen Behandlungsversuchen unbedingt sicherstellen, daß die Vermutungsdiagnose dem heutigen Erkenntnisstand der Psychiatrie entspricht. Sprechen Sie also unbedingt auch mit einem Psychiater / einer Psychiaterin.

Wahrscheinlich nehmen Sie dieses Buch jedoch erst in die Hand, nachdem Sie bereits fachgerecht in einer Klinik oder Praxis untersucht worden sind. Vielleicht leben Sie bereits länger damit, an einer Psychose aus dem schizophrenen Formenkreis zu leiden, und haben gehört, daß diese Störung mit dem Gehirnstoffwechsel zu tun haben soll. Dann gehören Sie offenbar zu den Patienten, die aktiv an ihrer Behandlung mitwirken wollen und daher an genaueren Informationen zu dem festgestellten Krankheitsbild interessiert sind.

Vielleicht sind Sie aber auch überzeugt, daß sich der Psychiater/die Psychiaterin in ihrem Fall geirrt haben muß. Sie können sich nicht vorstellen und nichts damit anfangen, daß Sie angeblich an einer ernsten seelischen Krankheit leiden? In der Tat irren sich psychiatrisch tätige Ärzte genauso oft wie Ärzte ganz allgemein. Verlassen Sie sich daher nicht nur auf die ärztliche Meinung, sondern suchen Sie das Gespräch mit den Menschen, die Ihnen nahestehen und Sie gut kennen. Wenn diese Ihnen zu verstehen geben, daß sie sich um Sie Sorgen machen, weil Sie verändert sind, dürfen und sollten Sie die Sache ernst nehmen. Am besten suchen Sie dann noch einmal gemeinsam mit diesem besorgten Freund oder Angehörigen einen Facharzt/ärztin auf.

*

Dieses Buch will Menschen Mut machen, die an einer eher gutartigen Form der Schizophrenie erkrankt sind.

Gutartig hat hier nichts mit „leicht" oder „harmlos" zu tun. Vielleicht haben Sie schreckliche und höchst gefährliche Zustände erlebt, die Ihr ganzes Leben erschüttert haben. Trotzdem finden viele Menschen mit ähnlichen Erfahrungen nach der Erkrankung wieder ganz zu sich zurück und dürfen sich als gesund betrachten. Genau dies ist mit einer gutartigen Verlaufsform gemeint.

Schwerwiegendere Verlaufsformen einer Krankheit führen hingegen zu bleibenden Beeinträchtigungen.

Wenn Sie wissen, daß Sie krank waren und weiterhin gefährdet bleiben, können Sie viel dazu tun, sich mit Ihrer Besonderheit besser zu verstehen, drohende Krisen selbst im Voraus erkennen und Schutzmaßnahmen ergreifen. Dazu kann auch die vorübergehende Einnahme von Medikamenten gehören.

Dauernd Medikamente einzunehmen ist für Menschen mit eher gutartigen Psychosen eine zwiespältige Empfehlung. Der Rückfallschutz, den die Medikamente versprechen, wird teuer erkauft mit der Einschränkung der seelischen Lebendigkeit. Wer nach dem Abklingen der Psychose wieder gesund ist, braucht logischerweise keine Medikamente mehr, sondern schadet sich womöglich.

In den letzten Jahren hat es sich weitgehend eingebürgert, allen Patienten sofort nach dem ersten Auftreten einer Psychose eine Langzeitmedikation von mindestens einem, eher sogar zwei Jahren zu verordnen. Das war nicht immer so. Eine ältere Empfehlung lautete, die Entscheidung für eine Langzeitbehandlung erst *nach* etwa zwei Jahren zu treffen. Zweifellos war dies logischer, weil man vorher ja gar nicht wissen kann, ob die Krankheit einen eher gutartigen Verlauf nimmt oder schwerwiegend ist.

In der Psychiatrie wie in allen medizinischen Disziplinen gehen die herrschenden Lehrmeinungen immer wieder hin und her. Gerade in diesem Fach sollten aber die Patienten/innen als Experten in eigener Sache ein gewichtiges Wort mitzureden haben. Bei Psychosen geht es um das ganz persönliche innere Erleben, das sich nicht durch Laborbefunde, Fragebögen und dergleichen objektiv feststellen läßt. Nur Menschen mit Psychoseerfahrung können helfen, gewisse wissenschaftlich umstrittene Fragen der Psychiatrie zu klären. Die Zusammenschlüsse der Psychiatrie-Erfahrenen haben sich dieser wichtigen Aufgabe in den letzten Jahren bereits gestellt.

Vielleicht haben Sie dieses Buch aufgeschlagen, weil Sie mit einem Psychosekranken verwandt oder befreundet sind und sich mehr Klarheit über die Diagnose verschaffen möchten, um den Kranken auf die beste Art zu unterstützen. Die große Bedeutung der natürlichen Bezugspersonen für das Wohlergehen von Menschen mit Schizophrenie wird seit Jahren von allen Psychiatrie-Fachleuten gleichermaßen gewürdigt, selbst wenn ihre sonstigen Ansichten weit auseinander gehen.

Leider ist es eine Tatsache, daß keineswegs alle Patienten mit einer schizophrenen Psychose wieder gesund genug werden können, um sich als Psychiatrie-Erfahrene selbst Gehör zu verschaffen. Die Schizophrenie ist unter allen psychischen Erkrankungen die menschlichste. Betroffen sind hier die höchsten Funktionen der Spezies Mensch, nämlich Vorstellen, Denken, Sprechen und willkürliches Handeln, die wiederum in typischer Weise mit dem menschlichen Gefühlsleben verbunden sind. Kranke, die dauerhafte Einbußen dieser Funktionen erleiden, sind auf geduldige und individuelle Unterstützung angewiesen, um mit ihren verbliebenen Fähigkeiten am Leben in der Gemeinschaft teilnehmen zu können. Und natürlich brauchen sie Menschen, die sich in Gesellschaft, Politik und Wissenschaft energisch für sie einsetzen.

Dieses Buch richtet sich daher auch an Gesunde, die psychisch Kranken nahestehen oder sich beruflich um sie kümmern. Nur sie können aus der Nähe ihrer Erfahrung bestimmte Fragen stellen, die die psychiatrische Forschung aufgreifen muß, um die individuellen Besonderheiten der chronisch und schwer Erkrankten genügend zu berücksichtigen.

Fragen zu stellen ist die einzige Möglichkeit, Erkenntnisse zu gewinnen. Auf viele offene Fragen zur Diagnose Schizophrenie möchte dieses Buch hinweisen und die Leser ermutigen: Fragen Sie weiter!

Autobiografische Einleitung

Wer nach fast dreißigjähriger Erfahrung in der Psychiatrie ein Buch voller Fragen veröffentlichen läßt – wie das Inhaltsverzeichnis zeigt –, setzt sich unter den Kollegen und Kolleginnen der Vermutung aus, hoffnungslos begriffsstutzig zu sein. So lange im Beruf und immer noch nichts kapiert?

Vielleicht trifft das ja zu. Bekanntlich werden derartige Defizite von den Betroffenen selbst am allerwenigsten wahrgenommen.

Trotzdem möchte ich hier in aller Kürze den Versuch machen, dieses Buch vor allem vor den psychiatrisch Tätigen zu rechtfertigen.

Die Entscheidung zum Medizinstudium und für die Psychiatrie habe ich nie bereut.

Auch habe ich immer großes Glück gehabt mit den Menschen, an die ich geriet. Von Krankenschwestern und Pflegern, von Sozialarbeitern und Beschäftigungstherapeutinnen konnte ich genauso viel lernen wie von den Assistenzarztkollegen. Meine Vorgesetzten zeigten bewundernswerte Geduld mit mir und der ganzen umstürzlerischen Truppe, die 1974 vom Bezirkskrankenhaus Haar aus den bayerischen Landesverband der *Deutschen Gesellschaft für Soziale Psychiatrie* gründete.

Es war schon schön, diese Zeit der jugendlichen Rechthaberei. Unbelastet von allzuviel Erfahrung und mit jeder Menge Antworten, auch auf Fragen, die sich in der Psychiatrie – streng genommen – gar nicht stellen.

Ein glückliches Geschick verhinderte auch, daß ich als Ausbildungskandidatin bei der *Deutschen Psychoanalytischen Vereinigung* angenommen wurde. Dadurch blieb mir genug Spielraum, um mich neugierig mit den verschiedensten Therapieideen zu befassen.

Nach einigen Jahren spannender Tätigkeit in Sozialpsychiatrischen Diensten und einiger Erfahrung mit Familientherapie überfiel mich um 1985 dennoch der psychiatrische Katzenjammer. Warum waren die Hilfsmöglichkeiten gerade für schizophren Erkrankte immer wieder so unbefriedigend? Die als Grundlage jeder Behandlung angesehenen Neuroleptika wurde von vielen nicht vertragen oder rundweg abgelehnt, und alle psychotherapeutischen und sonstigen Bemühungen fruchteten nicht recht.

Schließlich wandte ich mich der Methode der Klassischen Homöopathie zu und praktiziere damit seit 1991 in freier Praxis. Für die seriös gebliebenen Kollegen von früher war ich damit nicht mehr ernst zu nehmen; vielleicht vermuteten sie einen klimakterischen Knacks.

Meine Freude an dieser Arbeit wurde aber, je länger ich sie machte, umso größer. Vor allem begeisterte mich, wie leicht sich mittels Homöopathie Schizophrene und Menschen mit schizoaffektiven Psychosen behandeln lassen. Sie wurden nach der Klinikentlassung von mir zum raschen Absetzen der Medikamente ermutigt und blieben rückfallsfrei oder konnten Krisen mit kurzfristigem Einsatz einer niedrigen Dosis auffangen.

Schon war ich drauf und dran, einen Feldzug für die Homöopathie in der Psychiatrie zu starten, als ich dazu gebracht wurde, noch einmal kritisch darüber nachzudenken. Vielleicht lag es gar nicht an der Homöopathie?

Vielleicht behandelte ich Patienten, die sich ganz ohne ärztliches Eingreifen, d. h.auch ohne mein Verfahren von ihrer Psychose erholt hätten und bei denen die dringend empfohlene neuroleptische Prophylaxe erst recht überflüssig war?

Das würde bedeuten: Mit den Diagnosen und den therapeutischen Konsequenzen, die ich gelernt hatte, konnte etwas nicht stimmen, zumindest wenn es um schizophrene Psychosen geht.

Da ein wissenschaftlich befriedigendes Verständnis der Homöopathie Zukunftsmusik ist, wandte ich mich vorerst den Unstimmigkeiten der psychiatrischen Diagnostik zu. Es machte mich nämlich stutzig, daß meine homöopathischen Erfolge bei Angststörungen oder Depressionen längst nicht so erstaunlich waren wie ausgerechnet bei Schizophrenie. Mir wurde klar, daß mich einige Ungereimtheiten dieser Diagnose schon während all meiner Berufsjahre unterschwellig gestört hatten.

Dieses Unbehagen habe ich jetzt in diesem Buch formuliert, weil ich mir nicht vorstellen kann, daß es nur mir allein so geht. Aufmerksamkeit für die individuellen Unterschiede bei Patienten mit gleicher Diagnose ist sicher nicht an die homöopathische Methode gebunden.

Die Medizingeschichte kennt jede Menge diagnostischer Begriffe, die sich einige Zeit zu bewähren schienen und schließlich unter dem Druck zu vieler Widersprüche aufgegeben werden mußten. Wenn die Schizophrenie ihren hundertsten Geburtstag im Jahre 2011 nicht mehr in ihrer derzeitigen Verfassung feiern kann, wird niemand darin einen Makel der Psychiatrie als medizinische Wissenschaft sehen.

Kapitel 1

Ist die Psychiatrie ein Fachgebiet der Medizin?

Die Frage, ob Psychiatrie ein medizinisches Fachgebiet ist, wird manche Leser dieses Buches möglicherweise befremden, weil sie bereits Erfahrungen mit der Psychiatrie haben. Wenn sie zu den Patienten gehören oder Angehörige von Patienten sind und erst recht, wenn sie als beruflich Tätige mit der Psychiatrie zu tun haben, wissen sie natürlich, daß die Frage zu bejahen ist. (Übrigens möchte ich die Leserinnen und Patientinnen hier schon bitten, sich bei den kürzeren männlichen Formulierungen immer mit angesprochen zu fühlen. Das Binnen-I, z. Bsp. in *PatientInnen*, hatte in den letzten zwei bis drei Jahrzehnten eine wichtige bewußtmachende Funktion. Andererseits wird niemand – niefrauel? – bestreiten, daß eine feministisch korrekte Ausdrucksweise auf Dauer etwas holperig zu lesen ist. Als weibliche Autorin bitte ich deshalb meine Geschlechtsgenossinnen um Großzügigkeit.)

Psychiater und Psychiaterinnen haben ein Medizinstudium absolviert und sich anschließend im Fach Psychiatrie fortgebildet. Psychiatrie ist ein Fachgebiet der Medizin wie Gynäkologie oder Hals-Nasen-Ohrenheilkunde. Ernste Versuche, den sinngemäßen Ausdruck Seelenheilkunde einzubürgern, wurden nie gemacht.

Für Menschen, die nie mit der Psychiatrie in Berührung kommen, ist der Unterschied zwischen Psychiater und Psychologe oft nicht klar, auch bei sonst guter Allgemeinbildung. Die Psychologen, eingedeutscht Seelenwissenschaftler, haben ein völlig anderes Studium absolviert und können in verschiedenen Tätigkeitsfeldern arbeiten. Falls sie sich für die Anwendung ihres Wissens bei seelisch Kranken entscheiden, werden sie zu Kollegen der Psychiater und arbeiten mit ihnen zusammen in psychiatrischen Krankenhäusern, sozialpsychiatrischen Einrichtungen oder in psychotherapeutischer Praxis. Die Bezeichnung Psychotherapie für sich genommen läßt nicht erkennen, ob ein Medizin- oder ein Psychologiestudium absolviert wurde. In der Psychotherapie besteht eine fruchtbare Konkurrenz zwischen Medizinern und Psychologen.

Wenn hier so abgeklärt von "fruchtbarer Konkurrenz" die Rede ist, sollen die heftigen Kontroversen zwischen Psychologen und Medizinern keineswegs verschwiegen werden. Gemeint ist hier nicht der Verteilungskampf um die Geldmittel der krankenversicherten Solidargemeinschaft. Streit ums liebe Geld gehört zum Leben und ist auch hier nichts Besonderes.

Hier soll es um die wissenschaftliche Ebene der Auseinandersetzung gehen. Beide akademische Disziplinen befassen sich mit der Frage, wie seelische Krankheiten zu verstehen und zu behandeln sind. Das medizinische und das lerntheoretische, sprich: psychologische Krankheitsmodell standen sich in den siebziger Jahren akzentuiert gegenüber. Psychologen im Verein mit Sozialwissenschaftlern waren drauf und dran, den Medizinern jede Zuständigkeit und Kompetenz für die Probleme psychisch Kranker abzusprechen. Die in der Überschrift dieses Kapitels gestellte Frage wurde geradeheraus verneint. Die Zuordnung der Psychiatrie zur Medizin sei lediglich historisch bedingt. Die naturwissenschaftliche Basis der medizinisch orientierten Psychiatrie sei für die unfaßbaren Gräuel und den Mord an psychisch Kranken verantwortlich. Diese Diskussionen spielten sich an den sozialpsychologischen Seminaren der Universitäten ab. Danach traten etliche wirklich engagierte Geisteswissenschaftler ihren Dienst in sozialpsychiatrischen Einrichtungen an und wurden etwas kleinlauter und nachdenklicher.

Gerade die Geschichte der Psychiatrie ist ein Beleg für die Bedeutung des medizinischen Ansatzes.

Die jammervollen menschlichen Gestalten, die als Besessene zum Schutz der Öffentlichkeit in privaten Verliesen oder Gefängnissen weggesperrt wurden oder – in ruhigerer Verfassung – irgendwo hoffnungslos dahinvegetierten, erregten zur Zeit der Aufklärung die Aufmerksamkeit und das Mitgefühl von Ärzten. Sie sahen in den bisher gefürchteten und verachteten Randexistenzen behandlungsbedürftige und heilbare Kranke.

Als Pinel 1793 die Irren der Pariser Anstalt Bicetre spektakulär von ihren Ketten befreite, hatten in ganz Europa bereits zahlreiche Ärzte das Gleiche getan. Johann Christian Reil (1759–1813), der das griechische Kunstwort Psychiatrie prägte, aber wenig praktische Erfahrung mit psychisch Kranken hatte, schwärmte 1803 in seinen *Rhapsodien über die Anwendung der psychischen Curmethode auf Geisteszerrüttungen:*

"Ein kühnes Geschlecht wagt sich an die gigantische Idee, die dem gewöhnlichen Menschen Schwindel erregt, eine der verheerendsten Seuchen von dem Erdball zu vertilgen."

Samuel Hahnemann, ein typischer Vertreter der aufgeklärten Medizin, hatte in seiner Privatklinik 1792 einen prominenten Patienten durch eine langanhaltende Geisteskrankheit mit Tobsuchtsanfällen begleitet. Er berichtet:

"Da ich keinen Wahnsinnigen je mit Schlägen oder anderen schmerzhaften körperlichen Züchtigungen bestrafen lasse, weil es für Unvorsätzlichkeit keine Strafe giebt und weil diese Kranken bloß Mitleid verdienen, und durch solch rauhe Behandlung immer verschlimmert werden: so zeigte er oft mit Thränen die Reste der Schwielen von Stricken, deren sich seine vorigen Wärter bedient hatten, ihn in Schranken zu halten. Wohl muß der Arzt solcher Unglücklichen ein Betragen in seiner Gewalt haben, was Achtung einflößt, was aber auch Zutrauen erweckt; er fühlt sich nie von ihnen beleidigt, weil ein Vernunftloser nicht beleidigen kann. Der Ausbruch ihres unbegründeten Zorns erregt bloß seine Theilnahme an ihrem jammervollen Zustande, und feuert seine Menschenliebe zur Hülfe an." (zitiert nach Seiler)

Für die Wende von der Bändigung und Bestrafung Wahnsinniger zu Hilfe und Behandlung war also neben dem zeittypischen Vertrauen in die menschliche Vernunft das spezifisch ärztliche Selbstverständnis entscheidend.

Die zahlreichen Begründer der Psychiatrie um 1800 haben einen einsamen Vorläufer in der Mitte des 16. Jahrhunderts. Der rheinische Arzt Johann Weyer trat gegen die kirchlich betriebene Hexenverfolgung auf, weil er in den Gequälten nicht die boshaften, willigen Werkzeuge des Teufels sah, sondern vielmehr Opfer, die unter einer dämonischen Macht leiden. Historiker sind sich einig, daß viele der umgebrachten Hexen an psychischen Krankheiten verschiedenster Art gelitten haben. Von einem entsprechenden Krankheitsbegriff war dieser humanistische Arzt natürlich noch weit entfernt. Sein genauer ärztlicher Blick auf den Menschen hatte ihn aber die Unstimmigkeit der mörderischen Überzeugung erkennen lassen, die zu seiner Zeit auch von allen Hochgebildeten geteilt wurde.

Nun wird mancher gerne zugestehen, daß zum ärztlichen Berufsbild Menschenliebe und Urteilsfähigkeit gehören. Die heutige Kritik an der Psychiatrie als medizinischer Disziplin richtet sich speziell gegen die naturwissenschaftliche Vereinseitigung, die im 19. Jahrhundert begann mit der Kampfparole: *"Die Medizin wird Naturwissenschaft sein oder sie wird nicht sein."*

Machen wir deshalb eine Zeitreise in eine fiktive Irrenanstalt um die Mitte des 19. Jahrhunderts. Wir treffen auf hilflose Schwachsinnige, deren Äußeres entstellt ist durch die Merkmale des Kretinismus, einer Schilddrüsenkrankheit. Wir begegnen einer singenden und betenden Frau von zarter Gestalt mit großen glänzenden Augen, deren heillose Entrückung von der Alltagswelt auf Schilddrüsenüberfunktion beruht. Ein junges Mädchen ist ängstlich, verwirrt und unverschämt, seit sie vor einigen Tagen in der prallen Sonne eingeschlafen ist; sie kann vermutlich bald wieder entlassen werden. Einem rastlosen, zittrigen, Unverständliches murmelnden Mann wird dagegen nicht mehr zu helfen sein; er war in einer Hutmanufaktur beschäftigt und hat sich eine schwere gewerbliche Quecksilbervergiftung zugezogen. Unter den Langzeitpatienten finden sich einige Napoleone und andere großspurig auftretende Männer, die offenbar selber nicht unter ihrer Veränderung leiden. Ihren Familien aber sind sie unrettbar verlorengegangen als Opfer der Syphilis. Anfallskranke mit verschiedengradigen Wesensveränderungen und dadurch unfähig zum Leben in der normalen Gemeinschaft bilden eine weitere große Gruppe. Die typischen Patienten heutiger psychiatrischer Aufnahmestationen sind in der Minderheit.

Die naturwissenschaftlich begründete medizinische Forschung wird die körperlichen Ursachen dieser sogenannten Geisteskrankheiten und vieler anderer aufdecken, so daß hundert Jahre später in Ländern mit ausreichender Gesundheitsversorgung niemand mehr daran leiden muß. Um dies zu erreichen, konnte sich die Medizin nie nur naturwissenschaftlich verstehen. Die gerühmten medizinischen Fortschritte seit dem 19. Jahrhundert sind nicht denkbar ohne das sozialpolitische Gesicht der Medizin, am deutlichsten verkörpert in Rudolf Virchow (1821–1902). Dieser wandte eine streng naturwissenschaftliche Methodik an zur zellularpathologischen Aufklärung von Krankheiten und engagierte sich gleichzeitig politisch. Oft zitiert wird sein Satz *"Gegen Elend und Seuche kann nur der Umsturz helfen, der zu Freiheit und Wohlstand führt. ... Die Medizin ist eine soziale Wissenschaft, und die Politik ist weiter nichts als Medizin im Großen."* Nur mit dieser ärztlichen Haltung waren die naturwissenschaftlichen Erkenntnisse in vorbeugende Maßnahmen des öffentlichen Gesundheitsdienstes umzusetzen. Medizin war und ist daher immer – zum Guten wie zum Schlechten (siehe NS-Erbgesetze usw.) – eine angewandte Humanwissenschaft.

Technische Untersuchungen wie Schilddrüsenfunktion, Luesnachweis und EEG gehören längst zur Routinediagnostik bei jedem Patienten mit psychischen Auffälligkeiten. Wie jeder Mediziner lernt, ist es nicht möglich, eine körperliche Ursache seelischer Krankheiten allein aus dem Verhalten und den Äußerungen zu erkennen. Jede organische Krankheit, die die Gehirnfunktionen beeinträchtigt, kann jede rein psychische Erkrankung imitieren.

Aus diesen Erkenntnissen und Erfolgen leitet die Psychiatrie den weiterbestehenden Auftrag ab, die körperlichen Ursachen auch aller anderen seelischen Erkrankungen dingfest zu machen. Sicher wird niemand ernsthaft bestreiten, daß es den Einsatz der besten Kräfte wert ist, jedem Verdachtshinweis in dieser Richtung nachzugehen, z. Bsp. den neuerdings aufgetauchten Anhaltspunkten für eine Virusinfektion als Ursache bestimmter Depressionen. Ein weiterer durchschlagender Erfolg blieb dieser Forschungsrichtung allerdings seit langem versagt. Gerade bei den schizophrenen Psychosen, die das Leben des Betroffenen und seiner Umwelt am tiefsten erschüttern, tritt die Psychiatrie in den letzten Jahrzehnten auf der Stelle.

Dabei hat es in sechziger Jahren einen gefeierten Durchbruch bei den Möglichkeiten der Behandlung psychischer Krankheiten und speziell der schizophrenen Psychosen gegeben. Mit dem Chlorpromazin stand ab 1952 erstmals ein Medikament zur Verfügung, das psychotische Erregungen wirkungsvoll und gezielt dämpfte. Mit diesem Neuroleptikum als Vertreter einer neuartigen Wirkstoffklasse begann die "neuroleptische Revolution".

In den siebziger Jahren war den älter gedienten Kollegen und dem Pflegepersonal noch die dankbare Erleichterung darüber anzumerken, wie sich die Arbeit seither verändert hatte, daß sie die Patienten nicht mehr "schocken" mußten, wie ruhig und entspannt die Atmosphäre auf den Stationen geworden war. Die seither – auch infolge eines gesellschaftlichen Bewußtseinswandels – durchgeführten sozialpsychiatrischen Reformen sind ohne diese Voraussetzung nicht denkbar.

Trotzdem soll in diesem Buch die Vermutung ausgesprochen werden, daß gerade die Verfügbarkeit wirksamer antipsychotischer Medikamente die wissenschaftliche Weiterentwicklung in der Psychiatrie behindert haben könnte. Neuroleptika scheinen für viele die abschließende Antwort auf die Schizophrenie zu sein, und das brachte weiterführende Fragen zum Verstummen.

Begriffserklärungen

Die immer wieder gebrauchten psychiatrischen Fachbegriffe sollen hier kurz erklärt werden. Wer damit bereits vertraut ist, kann gleich bei Kapitel 2 weiterlesen.

Als *Psychose* wird jeder schwere krankhafte Zustand der seelischen und geistigen Funktionen bezeichnet.

Je nach den Ursachen spricht man von *exogener*, d. h. von außen verursachter Psychose, etwa bei Vergiftungen mit psychoaktiven (auf die Seele wirkenden) Stoffen wie LSD u. a.

Psychosen können als Folge vieler körperlicher Krankheiten oder Verletzungen auftreten, es sind dann *körperlich begründbare* Psychosen, in anderer Benennung *symptomatische* Psychosen

Das Aufgabengebiet der Psychiatrie wird geprägt von den *endogenen* (von innen kommenden) Psychosen. Man vermutet hier eine körperliche, anlagebedingte Mit-Verursachung und forscht unermüdlich danach.

Die endogenen Psychosen werden unterteilt in zwei große Gruppen:

1: in die krankhaften Veränderungen der Stimmungslage *Manie* und *Depression;*

2: in die *Schizophrenie* und die schizophrenieähnlichen *schizotypen Störungen* sowie die *reinen Wahnkrankheiten.*

Als wichtigste Untergruppen der Schizophrenie gelten

– die *paranoid-halluzinatorische* Schizophrenie, gekennzeichnet durch Wahn (paranoid) und Sinnestäuschungen (halluzinatorisch),

– die *hebephrene* Schizophrenie, gekennzeichnet durch Veränderungen des Gefühlslebens,

– die *katatone* Schizophrenie, gekennzeichnet durch motorische Erregung oder sonstige Auffälligkeiten der Willkürbewegungen.

Zu den *schizotypen* oder *schizophreniformen* (d. h. schizophrenieartigen) Zuständen wird alles gezählt, worauf die Schizophreniediagnose trotz vieler Übereinstimmungen nicht ganz paßt.

Mit *schizoaffektiv* bezeichnet man eine Zwischenform zwischen Schizophrenie einerseits und Manie oder Depression andererseits.

Kapitel 2

Wozu braucht die Psychiatrie Diagnosen?

Bevor wir uns den Besonderheiten der psychiatrischen Diagnosen zuwenden, zunächst eine kurze Bemerkung, wozu in der Medizin überhaupt Diagnosen gebraucht werden.

Eine Diagnose ist die Bezeichnung für eine Krankheit. Sie dient verschiedenen Zwecken.

Als erstes will der kranke Mensch wissen: "Was habe ich? Wo kommen meine Bauchschmerzen her?" Die Diagnose gibt ihm die Sicherheit, daß der Arzt seinen Zustand wiedererkennt als eine Gesundheitsstörung, die auch schon bei anderen Menschen aufgetreten ist und deshalb einen Namen hat, beispielsweise "Gastritis". Für den geplagten Patienten hat bereits diese Namensgebung in der Regel eine entlastende Wirkung, bekannt als "Rumpelstilzchen-Effekt."

Als nächstes will die Krankenkasse wissen, daß der Patient rechtmäßig krankgeschrieben wird. Anspruch auf diese Vergünstigung besteht nur bei einer anerkannten Krankheit, die eine entsprechende Bezeichnung trägt.

Bei häufigen, leicht und sicher behandelbaren Bagatellerkrankungen ist der psychologische und soziale Zweck einer Diagnose oft wichtiger als ihre medizinische Bedeutung.

Bei ernsten oder unklaren Gesundheitsproblemen ist die Diagnose jedoch die Voraussetzung der Behandlung. Deshalb muß jeder Mediziner sich zunächst klar werden, was beim Patienten vorliegt.

"Vor die Therapie haben die Götter die Diagnose gestellt" wird den Studenten eingeschärft.

Im günstigsten – und eher seltenen – Fall ergibt die Diagnose sogleich die Behandlungsanweisung.

Wenn in der Notaufnahme ein Bewußtloser eingeliefert wird, bei dem der Blutzuckerschnelltest einen abnorm niedrigen Wert zeigt, dann lautet die Diagnose: Hypoglykämisches (d. h. Unterzucker-) Koma, und die zuverlässig wirksame Behandlung besteht in einer Glukose-Injektion.

Erstrebenswert sind Diagnosen, die mit wenigen Worten eine Aussage über Art und Entstehung des Leidens beinhalten.

Die "Geisteskrankheiten" unserer Zeitreise-Patienten aus dem vorigen Kapitel heißen heute beispielsweise:
– Symptomatische Psychose bei Hyperthyreose = Schilddrüsenüberfunktion
– Toxische (Quecksilber-) Enzephalopathie = Gehirnschädigung
– Durchgangssyndrom nach Sonnenstich
– Neurosyphilis.

Bei Anfallskrankheiten müssen wir uns auch heute noch oft damit begnügen, daß zwar nicht die Ursache, aber eine medikamentöse Behandlung bekannt ist, die im günstigsten Fall zur Ausheilung führt. Gelingt eine konsequente Unterdrückung der Anfälle, so können die Medikamente nach einiger Zeit abgesetzt werden und der Mensch ist gesund. Dank der Erfindung des EEG im Jahre 1924 konnten die pathologischen Vorgänge im Gehirn aufgeklärt werden und wirksame Medikamente entwickelt werden.

In einem Lehrbuch der zwanziger Jahre wurde die Epilepsie noch zu den Psychosen unbekannter Ursache gezählt. Weil psychische Besonderheiten bei vielen Patientinnen unübersehbar waren, begannen auch die Pioniere der Psychoanalyse sich dieses Leidens anzunehmen. Wer damals – aus welchen Gründen auch immer – umfiel, offenbarte aus ihrer Sicht natürlich einen unbewußten Wunsch nach sexueller Hingabe. Die Psychoanalyse hat sich seither geändert, Epileptikerinnen sind aber schon seit langem vor ihren Wohltaten verschont.

An diesem Beispiel sollte deutlich werden, daß medizinische Forschung mit allen verfügbaren Methoden bei vermeintlich psychischen Krankheiten immer weiter gehen muß.

Außer klar umschriebenen Diagnosen gibt es in der Medizin eine weitere Art von Kurzbezeichnungen für Gesundheitsstörungen. Diese charakterisieren das Problem und enthalten die Aufforderung, sich um die genaue Diagnose zu kümmern. Sie finden daher vorzugsweise auf Überweisungsscheinen Verwendung.

Akutes Abdomen oder *akuter Bauch* bedeutet beispielsweise, daß Chirurgen sich schnellstens darum kümmern müssen, was bei einem Patienten los ist, der vor rasenden Bauchschmerzen am Kollabieren ist.

Synkope besagt, daß der Patient aus unbekannten Gründen einen kurzfristigen Bewußtseinsverlust erlitten hat. Niemand begnügt sich damit, daß er ja nun glücklich wieder bei sich ist. Es muß herausgefunden werden, was dahintersteckt. Eine Herzkrankheit? Schlaganfall? Anfallsleiden? Oder etwa doch der besagte unbewußte Hingabewunsch? Hier ist das *differentialdiagnostische* Können des Arztes gefordert, d. h. die Fähigkeit, ähnlich aussehende Krankheitsbilder zu unterscheiden.

Die genaue Befragung des Patienten und der Menschen, die das Geschehen beobachtet haben, gibt bereits wichtige Anhaltspunkte. Mittels technischer und Laboruntersuchungen können bestimmte Ursachen ausgeschlossen werden. Diese Anstrengungen werden nicht deswegen unternommen, damit der beunruhigende Vorfall einen Namen hat, sondern wegen der ganz verschiedenen therapeutischen Konsequenzen. Manchmal steht trotzdem in einem langen Arztbrief, der alle diese Überlegungen und Untersuchungsschritte dokumentiert, anstelle einer Diagnose: "Synkope unklarer Ätiologie [= Entstehung]". Der Mensch ist kompliziert, und deswegen ist die Medizin schwierig.

Die dynamische Entwicklung der Medizin, die zu immer genauerer Differentialdiagnostik und damit immer spezifischerer Ursachenerforschung geführt hat, scheint an der Psychiatrie vorbeigegangen zu sein.

Seit Anfang des 20. Jahrhunderts sind die körperlich begründeten, also *symptomatischen* Psychosen erforscht und in die Zuständigkeit von Internisten und Neurologen übergegangen. Den Psychiatern blieben die sogenannten *endogenen* Psychosen, die Emil Kraepelin (1856–1926) von den Psychosen aus genau bekannter, körperlicher Ursache abgegrenzt hatte. Bei den verbliebenen schweren seelischen Krankheiten trennte er die manischen und depressiven Psychosen von einer anderen Psychoseform, die 1911 von Eugen Bleuler (1857–1939) Schizophrenie genannt wurde. Hier hat sich seit fast hundert Jahren nichts mehr getan. Es gilt im wesentlichen unverändert die auf Kraepelin zurückgehende Einteilung, die zweifellos damals einen bedeutsamen Durchbruch darstellte.

Seit ca. 1980 bemühen sich Psychiater weltweit immerhin um die Übereinstimmung in der Anwendung der Kraepelinschen Diagnosen. Davor gab es groteske Befunde derart, daß in den USA bei vergleichbaren – oder sogar gleichen – Patienten fünfmal häufiger Schizophrenie diagnostiziert wurde als in Großbritannien.

Kein Wunder, daß die Psychiater unter ihren Medizinerkollegen anderer Fachrichtungen traditionell ein niedriges Ansehen haben – vorsichtig ausgedrückt.

Erst recht war dies natürlich Wasser auf die Mühlen derjenigen Psychologen und Sozialwissenschaftler, die der Psychiatrie jegliche Kompetenz für den Umgang mit psychisch Kranken absprachen.

Die sogenannten Kranken, um die Psychiater sich berufsmäßig kümmern, seien überhaupt nicht krank, sondern Opfer sozialer Zuschreibungs- und Stigmatisierungsprozesse. Die psychiatrischen Diagnosen seien nichts als willkürliche Etiketten für Menschen, die ungewöhnliche Erfahrungen machen oder die sich nicht reibungslos der Gesellschaft anpassen. Der psychiatrische Krankheitsbegriff diene dazu, Menschen mit gesellschaftlich störenden Merkmalen auszugrenzen und sie durch medikamentöse Behandlung ihres kreativen und kritischen Potentials zu berauben.

Erfahrenere Psychiater nahmen diese Diskussion nur kopfschüttelnd zur Kenntnis. Ein Teil der Jüngeren war geprägt vom antiautoritären, gesellschaftskritischen Gedankengut der Studentenbewegung der späten sechziger Jahre und griff diese Ansichten als durchaus bedenkenswert auf.

Das Ergebnis dieser Auseinandersetzung war zweifellos eine Horizonterweiterung, eine stärkere Sensibilisierung für die sozialen Bedingungen, Begleitumstände und Folgen seelischen Krankseins. Die stigmatisierende Wirkung einer psychiatrischen Diagnose war ja schlechterdings nicht zu leugnen.

Angesichts der Unsicherheiten und Ungereimtheiten bei der Diagnosenstellung tendierten die jüngeren Psychiater dazu, der Tätigkeit des genauen Diagnostizierens einen sehr geringen Stellenwert beizumessen.

War es nicht viel wichtiger, sich dem Patienten unvoreingenommen zuzuwenden, seine Problematik vollständig wahrzunehmen?

Die medizinisch orientierte, auf Kraepelin zurückgehende Psychiatrie erschien steril. Daß es vielen Patienten mit den hochgepriesenen Neuroleptika alles andere als gut ging, war nicht zu übersehen. Also wurden andere Verständnisweisen gesucht. Die Endogenität der schweren psychiatrischen Krankheitsbilder wurde in Frage gestellt.

Die Psychoanalyse versprach, die sogenannten endogenen Psychosen als Folgen frühkindlicher, unbewußt gewordener Konflikte zu verstehen. Die Glaubenssätze der psychoanalytischen Lehre wurden von den sonst so kritischen jungen Psychiatern bedenkenlos übernommen. Einleuchtender schien vielen aber doch der systemische, familientherapeutische Ansatz, der die Ursache in Kommunikationsstörungen innerhalb der Familie suchte. Überzeugende Erfolge dieser Methode wurden besonders bei ersterkrankten Schizophrenen berichtet. Bewies das nicht zur Genüge, daß bestimmte familiäre Beziehungsmuster die Ursache dieser sogenannten Krankheiten waren, und nicht irgendetwas "endogenes"?

Wer in ein heutiges psychiatrisches Diagnoseverzeichnis hineinschaut, kann den Eindruck gewinnen, die geistes- und sozialwissenschaftliche Attacke auf den Begriff *Krankheit* habe zur Kapitulation der Mediziner geführt. Das Wort Krankheit wird konsequent vermieden; stattdessen ist nur noch von Störungen die Rede. Kleine Zwischenfrage an die Leser: Sind Sie im Zweifelsfall lieber krank oder gestört?

Doch nochmal kurz zurück zu den Psychiatrie-Reformern der siebziger Jahre. Am Schreiben von Diagnosen – zumindest für Kostenträger, Gerichte usw. – und am Verordnen von Psychopharmaka führte auch für die sozialpsychiatrisch und psychotherapeutisch engagierten Psychiater kein Weg vorbei. Beides wurde als notwendiges Übel, manchmal fast mit schlechtem Gewissen eher nebenbei betrieben.

Inzwischen nimmt eine neue Generation von Psychiatern seit den achtziger Jahren die kunstgerechte Verordnung von Psychopharmaka wieder sehr ernst. Das historische Pendel ist umgeschlagen zu einem biochemischen Verständnis endogener Psychosen. Statt "Nichts als soziale Zuschreibung!" ist heute zu hören: "Nichts als Störung des Gehirnstoffwechsels!"

Die früher ideologisch umstrittenen sozialpsychiatrischen Errungenschaften sind selbstverständlich geworden. Es gibt ein breites Angebot teilstationärer Einrichtungen und betreuter Wohnmöglichkeiten. Die Angehörigen werden endlich als unterstützendes Potential in die Behandlungen einbezogen, nachdem sie früher eher als krankheitsauslösend im Verdacht standen. Psychoanalytisch orientierte Psychotherapie wird von den Kassen auch als Methode zur Begleitung medikamentös eingestellter Schizophrener übernommen, während diese Therapie früher bei ihnen geradezu als schädlich galt. Der Nutzen begleitender Verhaltenstherapie und sozialpädagogischer Beratung ist unumstritten.

Was sich jedoch absolut nicht geändert hat, sind die Diagnosen.

Da man zu wissen glaubt, daß bei schizophrenen Psychosen jeder Art die Langzeitanwendung von möglichst gut verträglichen Neuroleptika den Schwerpunkt der Behandlung darstellt, kümmert man sich um diagnostische Feinheiten in immer geringerem Maße. Das heißt: die Psychiatrie ist das einzige medizinische Fachgebiet, in dem der Umgang mit einer Problemkrankheit wie der Schizophrenie immer einfacher wird und immer geringere Anforderungen stellt.

In wissenschaftlichen Arbeiten, egal ob sie biologische oder soziale Zusammenhänge erforschen oder Therapieergebnisse auswerten, ist jedenfalls immer nur von Schizophrenie als einer einheitlichen Krankheit die Rede. Der interessierte Leser erhält nicht einmal Aufschluß darüber, wie sich die Versuchspersonen auf die doch äußerst unterschiedlichen Untergruppen (paranoid-halluzinatorisch, kataton, hebephren) verteilt haben.

Weil der 1911 von E. Bleuler geprägte Begriff *schizophren* eine verhängnisvolle Karriere im öffentlichen Bewußtsein gemacht hat, wird diese Diagnose in der Aufklärung von Patienten und Angehörigen nach Möglichkeit vermieden. So gibt es beispielsweise eine Patienteninformation mit dem Titel *Psychosen*; sie enttäuscht alle, die dort etwas über depressive und manische Psychosen erfahren wollen; das Vorwort verrät, daß es nur um Schizophrenien gehen soll. Diese gut gemeinte Verschleierung steht aber eigentlich im Widerspruch zu einer korrekten ärztlichen Aufklärung.

"Psychose" ist sowenig eine Diagnose wie das oben erwähnte Beispiel "akuter Bauch". Wenn sich Menschen, die auf irgendeine Weise mit Psychosen zu tun haben – als Betroffene, Angehörige oder Fachleute – nun in Psychose-Seminaren zusammentun, um ihre Erfahrungen und Sichtweisen auszutauschen, wird zweifellos gegenseitige Achtung und Vertrauen gefördert. Aber als Instrument des psychiatrischen Erkenntnisgewinns dürfte es etwa soviel fruchten wie ein von Chirurgen angeregtes Bauchwehseminar.

Die Schwammigkeit der Schizophreniediagnose führt bereits dazu, daß dieser Begriff ähnlich unscharf und wissenschaftlich unbrauchbar wird wie seine historischen Vorläufer Irrsinn und Wahnsinn. Mittlerweile gibt es bereits ehemalige Patienten und Patientinnen, die sich selber offensiv als schizophren bezeichnen, obwohl sie dies vermutlich nie waren, sondern mit ihrem Psychoseverlauf sehr viel mehr Glück hatten. Gegen diese Beliebigkeit wäre beim derzeitigen Stand der diagnostischen Sicherheit wenig einzuwenden. Allerdings gibt es schwer betroffene Menschen, die durch eine als Schizophrenie bezeichnete Krankheit unwiederbringliche Einbußen ihrer Lebensmöglichkeiten erleiden. Ihr Schicksal wird durch den saloppen Gebrauch der Diagnosen verniedlicht, und sie geraten noch mehr ins Abseits und aus dem Blick des forschenden Interesses. Gerade ihnen wären es alle psychiatrisch Tätigen, besonders aber die Ärzte schuldig, sich wieder um brauchbare und differenzierte Diagnosen zu bemühen.

Kapitel 3

Wie entstehen und wozu führen psychiatrische Fehldiagnosen?

Die diagnostischen Bemühungen der Medizin zielen darauf ab, die prinzipiell unendliche Vielfalt menschlicher Leidenszustände zu sortieren und zu klassifizieren. Eine Diagnose steht am Ende eines vielschichtigen Prozesses. In Gang gesetzt wird dieser Prozeß durch das ärztliche Selbstverständnis, einem Leidenden helfen zu wollen. Die Fähigkeit zu menschlicher Anteilnahme gilt seit eh und je als unspezifische Voraussetzung ärztlichen Handelns.

Mitgefühl und Mitleid gehört zur Grundausstattung des menschlichen Verhaltensrepertoires. An sehr kleinen Kindern läßt sich beobachten, wie sie aufmerksam werden und ihr Ausdruck sich ändert, sobald sie ein Gleichaltriges jämmerlich weinen sehen. Der evolutionäre Wert dieser quasi instinktiven Reaktion ist für eine hochentwickelte, gesellig lebende Spezies wie den Menschen leicht erkennbar. Unverkennbar ist auch, daß der Ausprägungsgrad dieser Reaktionsbereitschaft bei menschlichen Individuen äußerst unterschiedlich ist. Für einen helfenden Beruf im weitesten Sinne werden sich diejenigen mit ausgeprägterem Mitgefühl und Beistandsinstinkt entscheiden. Sollten einige Leser und Leserinnen hier bereits in grimmiges Gelächter ausbrechen, weil das Bild vom edelmütigen Arzt und Helfer nicht ihren Erfahrungen entspricht, so werden sie um etwas Geduld gebeten. In die Entscheidung zum Arztberuf, insbesondere zur Tätigkeit in der Psychiatrie geht noch ein Bündel anderer Motivationen mit ein, wie wir in Kapitel 8 sehen werden.

Mitgefühl allein macht natürlich keinen Arzt. Er darf sich davon nicht überwältigen lassen, sondern braucht in starkem Maße die Fähigkeit zur emotionalen Distanzierung. Es muß ihn angesichts von Schmerz, Blut und Chaos die Frage interessieren: "Was ist hier los?" Damit beginnt die Tätigkeit des Diagnostizierens, und diese Fertigkeit ist der wesentlichste Inhalt des Medizinstudiums. Bei manchen Ärzten empfinden die Patienten das Maß der gefühlsmäßigen Distanziertheit als hinderlich für die menschliche Qualität der Arzt-Patient-Beziehung: Trotzdem sind sie bei einem guten Diagnostiker in der Regel am besten aufgehoben.

Die Entwicklung der Medizin strebt immer präzisere Diagnosen an. Diese sind die Voraussetzung für eine wirksame und sichere Behandlung, und genau das ist letztlich das Hauptinteresse der Patienten und das eigentliche Ziel aller ärztlichen Bemühungen. Angesichts der ungeheuer gewachsenen Möglichkeiten der apparativen Diagnostik erhebt sich die kritische Frage, ob dies auch noch im richtigen Verhältnis zu den therapeutischen Konsequenzen steht. Wenn ein Kranker eine genaue Diagnose erfahren kann, dann aber hören muß, daß es noch keine spezifische Behandlung dafür gibt, bleibt das äußerst unbefriedigend. Für die Therapieforschung ist die präzise Definition eines Krankheitsbildes hingegen die Voraussetzung dafür, daß künftigen Leidensgenossen einmal besser geholfen werden kann.

Wenn es für ähnlich aussehende Krankheitsbilder je nach genauer Diagnose unterschiedliche Behandlungen gibt, ist das differentialdiagnostische Können des Arztes natürlich Dreh- und Angelpunkt des Therapieergebnisses. Veranschaulichen wir uns das an einem plumpen Beispiel. Ein Patient erlebt akut auftretende rasende Herzschmerzen, die in den linken Arm ausstrahlen, und ist in Todesangst. Der Arzt stellt die Diagnose Herzinfarkt, trifft einige lindernde Sofortmaßnahmen und leitet danach eine blutgerinnungshemmende Behandlung ein.

Nach einigen Wochen hat der Patient Blut im Urin, eine mögliche Komplikation dieser Behandlung. Die volkstümlich als „Blutverdünnung" bezeichneten Maßnahmen führen nämlich zu einer erhöhten Blutungsneigung, worüber die Patienten genau informiert werden müssen. Außerdem tragen sie – wie viele andere Kranke – einen Paß bei sich, damit Notärzte im Fall eines Unfalls ihre Besonderheit berücksichtigen. In der Abwägung gegen das tödliche Risiko eines neuen Herzinfarkts werden also bewußt ernste Gesundheitsrisiken in Kauf genommen.

Wenn sich bei unserem Beispiel nun herausstellt, daß die Diagnose falsch war, weil es sich bei dem akuten Anfall um eine Panikattacke gehandelt hat, ist die rechtliche Situation klar. Der Patient hat Anspruch auf Schmerzensgeld.

Natürlich ist dieses Beispiel aus der Luft gegriffen; kein Arzt wird eine mit Risiken behaftete Langzeitbehandlung einleiten, bevor die Diagnose nach allen Regeln der Kunst abgesichert ist.

Im einfachen Fall der Differentialdiagnose Herzinfarkt / Panikattacke wird ersterer durch technische und Laboruntersuchungen mit großer Sicherheit ausgeschlossen werden können. Daß es oft nicht so leicht ist, einem Panikpatienten die psychogene Natur seines Leidens nahezubringen, steht auf einem anderen Blatt. Hier werden ärztliche Kunstfehler anderer Art gemacht, wenn auf Drängen des Patienten unnötige Herzuntersuchungen häufig wiederholt werden.

Halten wir also fest, daß die exakte Diagnostik keine wissenschaftliche Betätigung um ihrer selbst willen ist, sondern wegen der therapeutischen Konsequenzen von höchster Bedeutung für das Wohlergehen des Kranken ist.

Die bedeutsamsten Diagnosen der Psychiatrie lassen sich bisher durch keinerlei technisch objektivierende Untersuchungen absichern. Wenn körperliche Ursachen für einen psychotischen Zustand ausgeschlossen worden sind, beginnt die differentialdiagnostische Kunst des Psychiaters.

Er kann sich dabei nur auf genaue Beobachtungsgabe, ausführliche Befragungen zur Vorgeschichte und auf seine psychopathologischen Kenntnisse verlassen.

Alle Mediziner entwickeln mit wachsender Berufserfahrung eine gewisse differentialdiagnostische Intuition. Anfänger, die sich aus Büchern die Kenntnis ungewöhnlicher Krankheitsbilder angeeignet haben, müssen von erfahrenen Kollegen als erstes lernen, daß häufige Krankheiten häufig und seltene selten sind. Während die diagnostische Intuition sich in den übrigen Fächern der Medizin durch objektive Befunde absichern oder widerlegen läßt, gibt es in der Psychiatrie nur ein einziges Kontrollinstrument: Gewissenhaftigkeit und Selbstkritik. Weil diese Qualitäten unter Psychiatern genauso ungleich verteilt sind wie beim Rest der Menschheit, ist die psychiatrische Intuition zu Recht in Verruf gekommen.

Um objektive Maßstäbe zu gewinnen, werden Merkmalskataloge erarbeitet, die dafür sorgen sollen, daß Psychiater unabhängig von Nationalität, Temperament oder sonstigen persönlichen Eigenschaften beim gleichen Patienten zur gleichen Diagnose kommen. Die US-amerikanische Psychiater-Vereinigung hat sich mit dem *Diagnostic and Statistic Manual* (DSM) in fortlaufenden Verbesserungen um die internationale Vereinheitlichung psychiatrischer Diagnosen sehr verdient gemacht. Zur Zeit gilt DSM-IV, also die vierte Überarbeitung. Die von der Weltgesundheitsorganisation WHO geschaffene *International Classification of Diseases* (ICD) entspricht im psychiatrischen Teil weitgehend dem DSM.

So weit, so gut. In diesem Buch soll hinterfragt werden, ob die internationale Verständigung über die "schizophrenen Störungen" den Patienten wirklich zugute kommt. Vielleicht handelt es sich im übertragenen Sinne um so etwas wie den Versuch, Äpfel, Ananas und Krautköpfe nach gemeinsamen Merkmalen zu definieren. Einiges wird sich da schon beschreiben lassen, etwa rund-ovale Form und Genießbarkeit. Kann das aber wirklich genügen, um kranken Menschen mit dem Anspruch medinischer Wissenschaftlichkeit gerecht zu werden?

Zunächst soll an einigen Fällen aus meiner Praxiserfahrung gezeigt werden, daß selbst die genaue Beachtung der anerkannten einheitlichen Diagnosekriterien im hektischen Klinikalltag offenbar nicht immer sicher zu verwirklichen ist.

Kehren wir also zur Frage dieses Kapitels zurück: Wie entstehen Fehldiagnosen?

Fall 1: Verdachtsdiagnose: Eifersuchtswahn.
Klinische Diagnose: Gehirntumor.

Ein schwerwiegender Fehler ist mir selber während meiner Tätigkeit in einem Sozialpsychiatrischen Dienst unterlaufen. Ich bringe ihn auch deswegen an erster Stelle, weil es mir in den folgenden Beispielen keineswegs darum geht, die daran beteiligten Kolleginnen und Kollegen besserwisserisch bloßzustellen. Die Psychiatrie ist zweifellos das schwierigste medizinische Fachgebiet. Fehler sind dazu da, um aus ihnen zu lernen, damit die ärztlichen Bemühungen bei psychisch Kranken auf einer immer sichereren Grundlage stehen.

An den Sozialpsychiatrischen Dienst wenden sich die erwachsenen Kinder einer Spätaussiedlerfamilie. Der rund siebzigjährige Vater drangsaliert die Mutter seit einiger Zeit mit völlig unbegründeter Eifersucht. Er beschimpft und bedroht sie derart heftig, daß alle in Angst vor gewalttätigen Übergriffen sind. Von einem Arztbesuch will er natürlich nichts wissen. Er ist nicht krank, sondern die Frau hurt herum.

Beim Hausbesuch lernen wir eine verhärmte Frau vom Typ eines osteuropäischen Mütterchens kennen. Sie hat sich in den zehn Jahren ihres Hierseins nicht einleben können, aber guten Rückhalt bei ihren Kindern. Im angemieteten Gärtchen betreiben ihr Mann und sie die gewohnte Selbstversorgung mit Gemüse. Über die Vorwürfe ihres Mannes ist sie fassungslos; er wisse doch genau, daß der Verkehr für sie seit langem eher beschwerlich ist, weshalb es zwischen ihnen nicht mehr oft dazu gekommen sei. Es schien aber auch für ihn altersbedingt schon lange kein wichtiges Bedürfnis mehr zu sein. Er habe immer gut für die Familie gesorgt, nicht getrunken. Zeitlebens war er etwas schwerhörig, was sich jetzt wohl verschlechtert habe. Man könne aber jetzt gar nicht mehr vernünftig mit ihm reden, weil er immer gleich losschreit.

Dies erleben wir eindrucksvoll, als er dazukommt. Natürlich vermeiden wir es, gleich von einer Krankheit bei ihm zu reden; aber nicht einmal auf ein konfliktklärendes Gespräch will er sich einlassen.

Die Diagnose scheint klar: Dieser entwurzelte Patriarch hat in der Fremde, zusätzlich beeinträchtigt durch sein schlechtes Hören, eine Paranoia entwickelt. Die Hoffnung, daß er durch irgendeine Behandlung seine Wahnideen korrigieren und wieder gut mit seiner Frau leben kann, ist sehr gering.

Allenfalls ließe sich der bedrohlich wirkende Affekt dämpfen. Die Behandlung müßte durch eine Unterbringung gegen seinen Willen eingeleitet werden, und vor dem Gedanken, ihm dies anzutun, schreckt die ganze Familie zurück. Wir besprechen mit ihnen, wie die Mutter sich durch Besuche bei oder von den Kindern vor ihm schützen kann und was sofort zu unternehmen ist, falls er doch einmal gewalttätig wird. Durch Telefonate werden wir auf dem Laufenden gehalten.

Einige Wochen später bricht er bei der Gartenarbeit mit einem Krampfanfall zusammen und kommt in die Klinik. Dort wird als Ursache ein Gehirntumor festgestellt. Danach habe ich die Familie aus dem Auge verloren und weiß nicht, ob er operiert werden konnte und wie es weiterging.

Allerdings mußte ich mir eingestehen, daß ich an eine hirnorganische Grundkrankheit "nicht im Traum" gedacht hatte. Sonst hätte ich genauer gefragt, wann und wie plötzlich die Eifersuchtsideen aufgetreten waren, ob er vielleicht vorher über Kopfweh oder Schwindel geklagt hatte. Mit dem Gedanken, daß er schwer körperlich krank sein könne, hätte ich die besorgte Familie vermutlich von der Notwendigkeit einer Zwangsunterbringung überzeugen können und einige Zeit bis zur Diagnosenstellung erspart.

Dieser Fehler kam also dadurch zustande, daß nicht alle differentialdiagnostischen Möglichkeiten erwogen wurden, weil für meine Verdachtsdiagnose alles gut zusammenzupassen schien.

Fall 2: Klinikdiagnose: Schizoaffektive Psychose.
Verlaufsdiagnose: Cannabispsychose.

Der 23jährige Patient wird durch seine etwas ältere Freundin zu mir vermittelt, weil sie erkennt, daß er seit der Rückkehr von einem Auslandsaufenthalt psychotisch verändert ist. Aus seinen und den Berichten seiner Familie weiß sie, daß er mit 17 und 21 Jahren jeweils wegen einer Psychose in stationärer Behandlung war. Die verordneten Medikamente hat er mit ihrer Unterstützung schon lange nicht mehr genommen.

Bei der Untersuchung ist er zugänglich, aber überwiegend in seinen Wahrnehmungen gefangen. Aufmerksam beobachtend sucht sein Blick immer wieder das Zimmer ab und wird zwischendurch ratlos. Er könne die Ordnungsstruktur des Kosmos wie Fäden durch das Zimmer gespannt sehen. Bei den Freunden im Ausland habe einer Voodoo mit ihm gemacht. Auch in einer zufälligen Zahlenfolge auf einer Verpackung erkennt er ein Ordnungssystem, das er seiner Freundin eindringlich unter Hinweis auf gemeinsame Erlebnisse erläutert. Zur Frage, ob er sich krank fühlt, kann er nicht Stellung nehmen. Allerdings seien ihm die Veränderungen unheimlich. Allein in seiner Wohnung möchte er keinesfalls sein. Zu den Eltern könne er nicht, weil die sich und damit auch ihn zu sehr aufregen.

Es sei vorweggenommen, daß sein akut psychotischer Zustand sich unter der Obhut der Freundin innerhalb von zwei Tagen normalisierte. Er konnte erkennen, daß er sich durch reichlichen Haschischkonsum im Kreis seiner Freunde wieder in einen psychotischen Ausnahmezustand gebracht hatte. Derselbe Zusammenhang bestand auch bei den früher durchgemachten Psychosen.

In der Klinik sei er jeweils schnell wieder klar geworden, habe die verabreichten Medikamente aber weiter genommen, um sich Scherereien zu ersparen. Vom ambulant behandelnden Psychiater habe er sie verschreiben lassen, aber kaum genommen.

In den Klinikberichten wird der problematische Cannabiskonsum seit früher Jugend zwar erwähnt, aber nur als Nebendiagnose angeführt. Das paranoid-denkgestörte Syndrom wird bei der ersten Entlassung der Verdachtsdiagnose Schizoaffektive Psychose zugeordnet. Bei der zweiten Entlassung erscheint dies als gesicherte Diagnose, obwohl wieder von erheblichem Haschischkonsum in der Zwischenzeit berichtet wurde, was auch im Urin nachweisbar war. Die Differentialdiagnose einer Cannabispsychose wurde offenbar nicht in Erwägung gezogen, zumindest im Arztbrief nicht dokumentiert.

Welche Konsequenzen hatte die Diagnose für den Patienten und seine Eltern? Der aufsässige Jugendliche, der wegen eines drogenbedingten Leistungsabfalls vom Gymnasium auf die Realschule wechseln mußte und auch sonst reichlich Aufregung und Ärger in der Familie gestiftet hatte, galt nun als ein psychisch Kranker. Die Eltern waren über die Wichtigkeit einer regelmäßigen Medikamenteneinnahme informiert und versuchten auch, diese zu überwachen, solange er noch bei ihnen lebte. Weil das Familienleben nach der ersten Entlassung nicht harmonischer wurde, sorgte die Mutter schließlich für seine Unterbringung in einer betreuten Wohngemeinschaft. Der Vater stand weiter zu seinem armen, einzigen, kranken Sohn und unterstützte ihn auch immer wieder finanziell.

Als die Mutter nach der glimpflich verlaufenen dritten Psychose mit mir Kontakt aufnahm, war ihre größte Sorge, ob er die Psychopharmaka auch gewissenhaft nimmt. Zusätzlich hatte sie aber auch eine Einsicht, wie sie Mütter von Drogenproblemkindern gewinnen. Es sei sicher falsch, daß der Vater ihm ohne Gegenleistung immer wieder Geld zusteckt. Mit ihrem Mann habe sie noch keine klare gemeinsame Linie finden können.

Der Patient war lebenstüchtig genug, um die elterlichen Unstimmigkeiten für seine Zwecke zu nutzen. Ebenso effizient nutzte er die Systeme der sozialen Sicherung, wobei ihm die Diagnose einer ernsten psychischen Krankheit natürlich dienlich war.

Erst seine Freundin setzte seinem Krankendasein ein Ende. Sie nahm seine kreative Begabung und seine geringe Eignung für einen Büroberuf ernst, drängte aber gleichzeitig darauf, daß er sich um irgendwelche Verdienstmöglichkeiten kümmerte. Durch frühere Erfahrungen mit problematischen Drogenbenutzern war sie geübt darin, schon geringfügige Verhaltensänderungen unter Cannabis zu erkennen. Nachdem die Entstehung seiner Psychosen geklärt war, machte sie seine Abstinenz zur Bedingung.

Der junge Mann hat seine frühere Leichtfertigkeit beim Thema Drogen inzwischen abgelegt. Er möchte nicht riskieren, noch einmal im psychiatrischen Krankenhaus zu landen.

Fall 3 und 4: Klinikdiagnose: Paranoid-halluzinatorische Schizophrenie. Verlaufsdiagnose: Akute vorübergehende psychotische Störung.

Fall 3: Ein Mann im mittleren Alter ist mit seinen literarischen beruflichen Ambitionen gescheitert und hat noch keine neue Orientierung gefunden. Unglücklich verlaufen auch seine Partnerbeziehungen trotz hoher Gefühlsinvestitionen. Deshalb ist er seit längerem auf spiritueller Suche. Er möchte Klarheit finden, was ihn blockiert und wo er im Leben hingehört. Seine belastende Kindheit und Jugend – der schwer suchtkranke Vater starb durch Suizid – hat er mit Psychotherapeuten bereits ausgiebig besprochen, doch für sich daraus nichts gewonnen. Jetzt nimmt er an einem ganzheitlich-spirituell orientierten Intensivseminar teil. Es ist eine dieser pseudopsychotherapeutischen Veranstaltungen, bei denen die Teilnehmer durch Revers versichern, daß sie in der Lage sind, für sich selbst die Verantwortung zu tragen; der Veranstalter übernimmt für eventuelle gesundheitliche Schäden keine Haftung.

Während des Aufenthalts im ländlich abgelegenen Seminarhaus schläft er sechs Tage überhaupt nicht und ist zuletzt völlig verwirrt und verängstigt. Den Veranstaltern wird es unheimlich und sie veranlassen am letzten Abend seine Einweisung ins Bezirkskrankenhaus, der er problemlos zustimmt. Mit einer Dosis Tranquilizer schläft er hier gut und bespricht am folgenden Tag mit der Assistenzärztin seine Situation. Daß er seit Jahren äußerst schlecht schläft und als Freiberufler an einen völlig unregelmäßigen Rhythmus gewöhnt sei. Daß ihm auf dem Seminar seine Kindheitsempfindungen wieder ganz nahe gekommen seien. Er spricht von der tiefen Verbindung zu seinem gestorbenen Vater und daß er seit Jahren dessen Stimme hört, die mit allgemeinen Bemerkungen oder Aufforderungen zu ihm spricht. Manchmal höre er auch einen weisen Alten, vielleicht seinen inneren Heiler.

Diese Angaben überzeugen die Ärztin, daß eine dringend behandlungsbedürftige schwere psychische Krankheit vorliegt. Ein Anruf bei der wesentlich älteren, im gleichen Haus lebenden Halbschwester bestätigt sie darin. Diese hat sich auch schon gefragt, ob ihr Bruder vielleicht schizophren sei. Allerdings habe er sein Leben, wenn auch auf etwas eigenwillige Art, immer problemlos bewältigt.

Der Patient zeigt keinerlei Krankheitseinsicht, sondern will sofort nach Hause, um sich von den Aufregungen zu erholen. In Absprache mit den Oberarzt wird er deshalb dem Unterbringungsrichter vorgestellt, um die Behandlung gegen den Willen des Patienten einleiten zu können. Die Richterin findet, daß das vorliegende Zustandsbild nicht für eine Anhaltung gegen den Willen des Patienten ausreicht, und so wird er 18 Stunden nach der Aufnahme entlassen.

Der Arztbrief verzeichnete die Diagnose: Verdacht auf paranoide Schizophrenie. Zu dieser Diagnose trug offenbar das Phänomen des Stimmenhörens bei, das von vielen Psychiatern immer noch als fast beweisend für diese schwere Krankheit gewertet wird.

Im Verlauf der ambulanten Behandlung gab es für die Diagnose keinerlei Anhaltspunkte. Der Schlaf normalisierte sich, die Lebensprobleme blieben. Als der Patient für eine Versicherung Auskunft geben mußte über bisherige stationäre Behandlungen, belastete ihn nicht der kurze Aufenthalt in der Psychiatrie als solcher, sondern das Wissen, daß in den dortigen Unterlagen diese unhaltbare Verdachtsdiagnose dokumentiert ist.

Die zutreffende Diagnose mußte lauten: Kurze psychotische Störung.

Fall 4: Es handelt sich um einen 35jährigen verheirateten Mann, der nach einer Zeit hoher beruflicher Anspannung innerhalb weniger Tage einen psychotischen Zustand entwickelt hat und auf Veranlassung seiner Frau freiwillig in ein Bezirkskrankenhaus geht.

Während der insgesamt 33 Tage dauernden stationären Behandlung war er laut Arztbrief "anfangs sehr mißtrauisch, ambivalent und ambitendent, zuletzt jedoch kooperativ, krankheitseinsichtig und behandlungsbereit."

Der Arztbrief nennt als gesicherte Diagnose (d. h. ohne die Einschränkung „Verdacht auf …" oder „Vorläufig …") „Paranoide Schizophrenie" und schließt mit dem Satz: „Eine medikamentöse Symptomunterdrückung ist aus unserer

Sicht für die nächsten zwei Jahre dringend erforderlich."

Bei der Untersuchung drei Tage nach der Entlassung waren keine zu unterdrückenden Symptome festzustellen. Von seinen psychotischen Ängsten war er voll distanziert; es sei wie ein schlechter Traum gewesen. Gleichzeitig bestand klare Krankheitseinsicht für die durchgemachte Psychose und der Wunsch, durch fachärztliche Behandlung Vorkehrungen gegen ein erneutes Auftreten zu treffen.

Die zutreffende Diagnose nach DSM-IV ist demnach: Schizophreniforme Störung mit günstigen prognostischen Merkmalen (295.4). Dazu die Erläuterung des DSM-III-R:

"Die Schizophreniforme Störung wird derzeit nicht in die Kategorie Schizophrenie eingeordnet, weil ein eindeutiger Bezug zur typischen Schizophrenie bislang nicht geklärt ist. Es gibt übereinstimmend Hinweise darauf, daß Personen mit schizophrenie-ähnlichen Symptomen von weniger als sechs Monaten Dauer einen besseren Verlauf und Ausgang haben als solche mit einer länger dauernden Störung. Empirische Daten von Familienstudien und genetischen Untersuchungen sind widersprüchlich. Einige Studien legen nahe, daß die Schizophreniforme Störung von der klassischen Schizophrenie zu trennen ist, andere gehen davon aus, daß beide Störungen eng zusammenhängen."

Dieser Stand der psychiatrischen Wissenschaft von 1987 wirft ein ernüchterndes Licht auf die fortbestehenden diagnostischen Unsicherheiten, allen aufwendigen Untersuchungen zum Trotz.

Im individuellen Fall ist es natürlich völlig unvertretbar, bei einem diagnostisch unsicher eingeordneten Krankheitsbild vom schwersten denkbaren Fall auszugehen und den Betreffenden wie einen Schizophrenen mit Langzeitmedikation zu behandeln.

Die Erklärung, wie es im Fall 3 und 4 zu den Fehldiagnosen kam, kann nur darin bestehen, daß die Kollegen offenbar keine Zeit hatten, in den Diagnoseverzeichnissen ICD oder DSM nachzublättern, obwohl beide in einer handlichen Kitteltaschenversion vorliegen. Vielleicht ein Argument für die zwingende Wiedereinführung des Arztkittels bei Klinikpsychiatern. Viele von ihnen haben seit gut 20 Jahren die Standestracht der "Halbgötter in Weiß" abgelegt, um den Patienten partnerschaftlich zu begegnen. Aber was nützt das, wenn dann unbrauchbare Diagnosen gestellt werden?

Fall 5: Klinikdiagnose: Paranoide Schizophrenie.
Verlaufsdiagnose: Schizophreniforme Störung, vermutlich induziert durch Malariaprophylaxe, Rezidiv nach Absetzen der Langzeitmedikation.

Der in Fall 4 beschriebene Mann hatte, als ihm die psychotische Erkrankung zustieß, schon ein erfolgreiches Berufsleben und eine glückliche Familiengründung hinter sich. Daher ließen er und seine Frau sich durch die Entlassungsdiagnose und Therapieempfehlung der Klinik nicht beeindrucken, sondern suchten eine "alternative" psychiatrische Behandlung.

Eine vergleichbare diagnostische Fehleinschätzung und der darauf beruhende Eingriff einer neuroleptischen Langzeitmedikation haben der jetzt zu schildernden jungen Patientin und ihrer Familie mehr als drei Jahre ihres Lebens schwer gemacht. Inzwischen kann sie sich glücklicherweise als gesund betrachten.

Ihr Vater stammt aus Südasien, die Mutter ist Deutsche. Als einziges der drei Kinder hat sie ihre Zugehörigkeit zu zwei Kontinenten und zwei Kulturen immer stark empfunden, viele Kontakte zu den Landsleuten des Vaters und deren halbeuropäischen Kindern gepflegt. Voll großer Erwartungen reiste sie nach dem Abitur erstmals in diese Weltregion, in Begleitung einer ihrer euro-asiatischen Freundinnen. Dort trat das auf, was im *Wörterbuch der Psychiatrie* unter dem Stichwort Reisepsychose beschrieben wird:

"Während einer Auslandsreise auftretende Krankheit von verhältnismäßig einheitlicher Symptomatik: Die Kranken fühlen sich beobachtet, glauben, daß sie vergiftet ... werden sollen. Hinzu kommen Bewußtseinsstörungen und Halluzinationen. Als Ursache wird das Zusammenkommen von sprachlicher Isolierung, Übermüdung, mangelhafter Nahrungsaufnahme, leichten Infektionen bei einer prädisponierenden [= zu einer bestimmten Krankheit neigenden] Persönlichkeitsstruktur angesehen. Nur in seltenen Fällen soll es sich um Schizophrenie handeln."

Die Patientin hatte zur Malariaprophylaxe ein Medikament eingenommen, bei dem vereinzelt als unerwünschte Wirkung die Auslösung von Psychosen bekannt ist. Es bestanden also genug Gründe, um bei dieser Ersterkrankung mit der schwerwiegenden Diagnose Schizophrenie äußerst zurückhaltend zu sein. Die Mutter war sich auch eines Umstandes bewußt, der als "prädisponierende Persönlichkeitsstruktur" bei dieser Tochter gesehen werden konnte.

Sie sei besonders sensibel und deshalb vermutlich durch die aktuellen unterschwelligen Spannungen in der Elternehe belastet. Ob eine Familientherapie sinnvoll wäre? Darauf erhielt sie von einem Psychiatrieprofessor die Antwort, an derlei auslösende Gründe sei nicht zu denken; ihre Tochter habe eine Gehirnstoffwechselstörung, und das Beste, was sie als Mutter tun könne, sei, die regelmäßige Medikamenteneinnahme zu unterstützen. Dies wurde über ein Jahr lang befolgt, obwohl unverkennbar war, wie schwer die Patientin durch die Medikamente beeinträchtigt war. Schließlich rang sie ihrem Psychiater die Zustimmung zum Absetzen ab und blühte richtig auf.

Das abrupte Absetzen von Medikamenten nach längerer regelmäßiger Einnahme ist aber immer ein großes Risiko. Das empfindliche, fein ausbalancierte System des Gehirnstoffwechsels ist nachhaltig verstellt worden, Reize können nicht mehr in der ursprünglichen Weise verarbeitet werden, der Mensch ist damit empfindlicher geworden, d. h. die Vulnerabilität (= Verletztbarkeit) ist erhöht. Deshalb muß das Absetzen – egal wie sinnlos die Medikamenteneinnahme möglicherweise war – in jedem Fall schrittweise über einen gewissen Zeitraum vorgenommen werden.

Die Patientin erlitt nach drei Monaten einen schweren psychotischen Rückfall und wurde erneut stationär behandelt. Dies schien die Schizophreniediagnose zu bestätigen und natürlich auch die Notwendigkeit einer jahrelangen medikamentösen Rückfallprophylaxe. Inzwischen war die Familie aber doch skeptisch geworden und suchte einen anderen Weg. Es gelang mir nicht, die Patientin zu einem langsamen Ausschleichen der Medikation zu überzeugen, doch diesmal ging das Absetzen zunächst gut. In einer für sie turbulenten und belastenden Phase wurde sie erneut unsicher, mißtrauisch und glaubte plötzlich überall Bekannte aus der Klinik und aus früheren Zusammenhängen zu treffen, d. h. sie litt vermutlich an Personenverkennungen. Diese Veränderung klang ohne Einsatz von Psychopharmaka wieder ab, und seither hat sie sich eine befriedigende Lebenssituation schaffen können.

Fall 6: Dokumentierte Diagnose: Hebephrenie.
Vermutungsdiagnose aufgrund des Verlaufs: Zustand nach Adoleszenzpsychose.

Abgesehen von den problematischen Therapieempfehlungen haben psychiatrische Diagnosen gravierende soziale Konsequenzen, sobald sie Schwarz auf Weiß in ärztlichen Dokumenten niedergelegt sind.

Dies widerfuhr einem jungen Mann, der im Anschluß an eine langwierige, kräftezehrende Infektionserkrankung psychotisch wurde. Die Abschlußdiagnose der Klinik lautete nach dreimonatiger Behandlung: Verdacht auf Hebephrenie. Ein körperlich faßbarer Zusammenhang mit der durchgemachten Krankheit war sorgfältig ausgeschlossen worden. Anschließend war er acht Monate in tagklinischer Behandlung. In dem sehr ausführlichen Abschlußbericht wird geschildert, wie er durch die Freundschaft zu einer Mitpatientin seelisch aufgeblüht war, im Entlassungsbefund wird er als psychisch unauffällig beschrieben, bis auf ein fortbestehendes Gefühl innerer Leere.

Trotzdem lautet auch die Entlassungsdiagnose der Tagklinik: Verdacht auf Hebephrenie. (Handschriftlich hat der ambulant weiterbehandelnde Kollege auf meinem Exemplar des Arztbriefs vermerkt: Differentialdiagnose: Adoleszentenkrise.)

Drei Jahre später kam der Patient auf Veranlassung seiner homöopathiebegeisterten Eltern zusätzlich in meine Behandlung. Inzwischen hatte er einen weiteren Schicksalsschlag erlitten – seine Freundin war tödlich verunglückt – und machte den Eindruck eines Menschen, der am Leben nicht mehr teilnehmen will.

Psychotische Symptome waren seit den dramatischen Wochen der lange zurückliegenden akuten Erkrankung nicht wieder aufgetreten. Es war mein Anliegen, die zutreffende Diagnose zu klären. Bei der Erörterung mit dem Kollegen waren wir uns einig, daß der Patient einen warmen und lebendigen Gemütsausdruck zeigt, also offenbar tiefer Empfindungen fähig ist. Wenn es etwas gibt, worüber sich alle Psychiater einig sind, so ist es das Merkmal eines schwer veränderten Gemütslebens, d. h. eines flachen und unpassenden Affektes als wichtigstes Diagnosekriterium der Hebephrenie. Dieser Kollege überraschte mich nun damit, daß er bei unserem gemeinsamen Patienten trotz des gegenteiligen Befundes weiterhin von der Verdachtsdiagnose Hebephrenie überzeugt war.

Der Patient hatte inzwischen eine Berufsausbildung abgeschlossen, die weit unterhalb seiner ursprünglichen Lebensziele lag, aber künftige Aufbaumöglichkeiten eröffnete. Mit seinem guten Abschlußzeugnis bewarb er sich um eine Stelle bei der Stadt und erhielt eine Zusage. Bei der amtsärztlichen Einstellungsuntersuchung wurde routinemäßig nach durchgemachten Erkrankungen gefragt und mit Zustimmung des Patienten die Arztberichte angefordert. Dann erhielt er den Bescheid, daß er mit seiner Diagnose Hebephrenie für die Stelle leider nicht in Frage komme, weil seine Tätigkeit Publikumsverkehr mit Kindern beinhaltet hätte. Von Seiten der Stadt ist diese Entscheidung kaum zu beanstanden; aus Verantwortung für die Bürger kann ein Kranker mit dieser schwerwiegenden psychiatrischen Diagnose nicht gut in einem etwas sensiblen Bereich eingestellt werden.

Der Patient berichtete mir dies resigniert – oder war es nun vielleicht doch der typische flache Affekt? – und brach den Behandlungsversuch ab, um sich innerhalb der sozialpsychiatrischen Versorgungsangebote Wohn- und Arbeitsmöglichkeit zu suchen.

Verlassen wir damit das Kapitel der hingeschlampten Diagnosen, die nach heute allseits anerkannten Kriterien einfach falsch sind. Wer sich die Mühe machen würde, die von mir früher in der Klinik verfaßten Diagnosen zu überprüfen, dürfte vermutlich eine Reihe ähnlicher Mißgriffe finden.

Als gute Übung für angehende Psychiater würde sich empfehlen, zu jeder vorläufigen oder Verdachtsdiagnose mindestens noch eine Differentialdiagnose anzugeben. Sonst entsteht der Verdacht, daß dem Verfasser des Arztbriefs schlichtweg keine andere diagnostische Möglichkeit eingefallen ist.

Kapitel 4

Haben alle Schizophrenen die gleiche Krankheit?

Die Frage, ob Schizophrenie eine einheitliche Krankheit ist, wird in der Theorie anders beantwortet als in der Praxis. Bedeutsam für die betroffenen Kranken ist natürlich ausschließlich die Praxis.

Eugen Bleuler hat 1908 das Kunstwort Schizophrenie geprägt aus den griechischen Bestandteilen schizein = spalten und Phren = Zwerchfell, gemeint als Sitz der Seele. Er lebte als Anstaltspsychiater jahrelang mit seinen Patienten zusammen und stützte auf hingebungsvolle Beobachtungen sein 1911 erschienenes Hauptwerk: *Dementia praecox oder Gruppe der Schizophrenien.* Dementia praecox (= vorzeitiger geistiger Abbau) war der von Kraepelin geprägte Ausdruck für jene endogene Psychose, die er deutlich von der manisch-depressiven Erkrankung unterscheiden konnte. Kraepelin beschrieb, daß sie in jungen Jahren einsetzt und zu einem Persönlichkeitsabbau führt.

Bleuler hingegen hatte beobachtet, daß der unheilvolle Verlauf keineswegs bei allen Kranken eintritt. Wie der Titel seiner Arbeit zeigt, sah er sich als Schüler des großen Kraepelin und wollte dessen Ergebnisse absichern und präzisieren. So kam er zur Beschreibung einer Krankheitsgruppe, die er durch gemeinsame Grundsymptome gekennzeichnet sah. Dabei bezog er sich in Dankbarkeit auf die Ideen Freuds: *„Ich denke, jedem Leser wird ohne weiteres klar sein, wieviel wir diesem Autor schulden, auch wenn ich dessen Namen nicht überall anführe."* Er benutzte das Wort Schizophrenie auch im Singular, als handele es sich um eine einheitliche Krankheit.

Seit 1911 hat sich in Sachen Schizophrenie nichts wesentliches mehr getan. In der Theorie wird immer noch und immer wieder bezweifelt, ob es sich um ein einheitliches eigenständiges Krankheitsbild handelt. Ein Beispiel ist die beim Fall 4 im vorherigen Kapitel erwähnte Unsicherheit über die schizophreniforme Störung. Die Praxis hingegen wird so betrieben, als sei dies geklärt, wobei die höchst unterschiedlichen Krankheits- und Verlaufsbilder lediglich als Untergruppen mit geringfügigen Besonderheiten gesehen werden.

Für medizinische Laien, die als Sozialarbeiter, Rechtsanwälte oder Beschäftigungstherapeuten viele Psychiatriepatienten erleben, ist es immer wieder kaum faßbar, daß ihre so unterschiedlichen Klienten im medizinischen Sinne die gleiche Krankheit haben sollen. Sie werden sich aber um deren individuelle Besonderheiten und Bedürfnisse kümmern und brauchen sich nicht den Kopf der Psychiater über das wissenschaftliche Niveau dieser Fachrichtung zu zerbrechen.

Den Psychiatern selbst sollte es aber vielleicht allmählich etwas mehr Kopfzerbrechen machen, schon wegen ihres Ansehens in der gebildeten Öffentlichkeit.

Die derzeit gültige Einteilung dieser Krankheit bzw. Krankheitsgruppe sieht nach dem international angewendeten Diagnoseverzeichnis der WHO folgendermaßen aus [Erläuterungen von mir sind jeweils in eckige Klammern gesetzt]:

"Schizophrenie, schizotype und wahnhafte Störungen (F20–F29)
[Das heißt, wer eine Diagnose liest, deren erste Ziffer 2 ist, weiß, daß es sich um etwas schizophrenieartiges oder nahe verwandtes handelt.]
In diesem Abschnitt finden sich Schizophrenie als das wichtigste Krankheitsbild dieser Gruppe, die schizotype Störung, die anhaltenden wahnhaften Störungen und eine größere Gruppe akuter vorübergehender psychotischer Störungen. Schizoaffektive Störungen werden trotz ihrer umstrittenen Natur weiterhin hier angeführt."
Unter F20. mit einer folgenden Ziffer erscheinen die Diagnosen, die zur Schizophrenie im engeren Sinne gehören:
„F20 Schizophrenie
[Hier folgt die Beschreibung der Gemeinsamkeiten.]
Die schizophrenen Störungen sind im allgemeinen durch grundlegende charakteristische Störungen von Denken und Wahrnehmung sowie inadäquate [= unangemessene] oder verflachte Affekte gekennzeichnet. Die Bewußtseinsklarheit und intellektuellen Fähigkeiten sind in der Regel nicht beeinträchtigt, obwohl sich im Laufe der Zeit gewisse kognitive Defizite [= Einbußen der geistigen Leistungsfähigkeit] entwickeln können. Die wichtigsten psychopathologischen Phänomene sind Gedankenlautwerden, Gedankeneingebung oder Gedankenentzug, Wahnwahrnehmung, Kontrollwahn, Beeinflussungswahn oder das Gefühl des Gemachten, Stimmen, die in der dritten Person den Patienten kommentieren oder über ihn sprechen, Denkstörungen und Negativsymptome.
[Im Gegensatz zu den bis hierher genannten Positivsymptomen handelt es sich bei Negativsymptomen um die Verminderung von Antrieb, Initiative und Kontaktfähigkeit.]

Der Verlauf der schizophrenen Störungen kann entweder kontinuierlich episodisch mit zunehmenden oder stabilen Defiziten sein, oder es können eine oder mehrere Episoden mit vollständiger oder unvollständiger Remission [= Zurücktreten der Krankheitserscheinungen] auftreten."

Die dritte Ziffer der Diagnose, nach dem Punkt, kennzeichnet jeweils die Untergruppe:

„F20.0 Paranoide Schizophrenie

Die paranoide Schizophrenie ist durch beständige, häufig paranoide Wahnvorstellungen gekennzeichnet, meist begleitet von akustischen Störungen und Wahrnehmungsstörungen. Störungen der Stimmung, des Antriebs und der Sprache, katatone Symptome [= Bewegungsauffälligkeiten] fehlen entweder völlig oder sie sind wenig ausgeprägt.

F20.1 Hebephrene Schizophrenie

Eine Form der Schizophrenie, bei der die affektiven [= Gefühls-] Veränderungen im Vordergrund stehen, Wahnvorstellungen und Halluzinationen flüchtig und bruchstückhaft auftreten, das Verhalten verantwortungslos und unvorhersehbar ist und Manierismen [= eigenartige stereotype Gewohnheiten] häufig sind. Die Stimmung ist flach und unangemessen. Das Denken ist desorganisiert, die Sprache zerfahren. Der Kranke neigt dazu, sich sozial zu isolieren. Wegen der schnellen Entwicklung der Minussymptomatik, besonders von Affektverflachung und Antriebsverlust, ist die Prognose zumeist schlecht. Eine Hebephrenie soll in aller Regel nur bei Jugendlichen oder jungen Erwachsenen diagnostiziert werden.

F20.2 Katatone Schizophrenie …

Die katatone Schizophrenie ist gekennzeichnet von den

im Vordergrund stehenden psychomotorischen Störungen, die zwischen Extremen wie wie Erregung und Stu-
por [= Erstarrung] ... alternieren können ..."
(Quelle: ICD-10 von 1984)

Dem aufmerksamen Leser mag es hier schon seltsam erscheinen, daß beim gleichen Krankheitsbild einmal Stim-
mungs- und Antriebsstörungen praktisch fehlen (Paranoide Schizophrenie) und einmal im Vordergrund stehen
(Hebephrenie), während bei der katatonen Schizophrenie
wiederum ein völlig anderer Verhaltensbereich, die Psy-
chomotorik das Bild bestimmt.

Zur Illustration der Varianten von Schizophrenie seien
hier zunächst zwei Menschen mit ihrer Krankheitsentwick-
lung skizziert.

Frau Müller ist jetzt knapp sechzig. Sie war immer eine
tüchtige Hausfrau, zog drei Kinder groß und half im Be-
trieb ihres Mannes mit. In der Zeit, als das ganze Land auf-
gewühlt war vom Terror der RAF und den Gegenmaßnah-
men des Staates, hatte sie im Nachbarhaus in ihrer ruhigen
Villensiedlung eine konspirative Wohnung ausgemacht und
der Polizei gemeldet. Ihrem Ehemann wurde von einem Be-
amten daraufhin empfohlen, seine Frau doch einmal einem
Psychiater vorzustellen. Er und die halbwüchsigen Kinder
ließen die Sache damals auf sich beruhen, weil das Familienleben in den gewohnten Bahnen weiterging.

In den letzten Jahren traten aber häufiger Störungen auf,
weil Frau M. immer wieder Terroristen bemerkte und von
der Familie aufgeregt forderte, etwas zu unternehmen und
persönliche Schutzmaßnahmen zu ergreifen. Seit die Kinder aus dem Haus sind, gibt es für den Mann kein normales
Leben mehr. Frau M. beschuldigt ihn der Untreue, will aber
selber nichts mehr mit ihm zu tun haben. Sie fühlt sich von
ihm bedroht, findet überall untrügliche Zeichen für Vergif-

tungsanschläge und schläft nachts kaum noch. Zu ihrem Schutz hat sie an ihrem Schlafplatz eine Konstruktion aus Stoffen und Stangen angebracht; ihre von der Familie geschätzte Kreativität und ihr Bastelgeschick sind in diesem tragischen Zerrbild noch zu erkennen. Auch im äußeren Erscheinungsbild fällt sie jetzt in der Nachbarschaft auf. Bei jedem Wetter schützt sie sich durch einen schreiend bunt herausgeputzten Strohhut vor den auf sie gerichteten Strahlen. Fast immer beschäftigt sie sich mit dem Biotensor, einem antennenartigen Gerät, das bei Gefahr lebhaft ausschlägt.

Nachdem eine Tochter sie zu einem Behandlungsversuch zu mir vermittelt hat, kommt sie gerne und pünktlich zu jedem Termin. Natürlich will sie nichts davon hören, krank zu sein, aber sie erzählt bereitwillig ihre Lebensgeschichte und die aktuellen Vorfälle und führt mir vor, wie der Biotensor funktioniert. Sie ist entschlossen, sich scheiden zu lassen. Wie ich vom Ehemann höre, findet auch er das am Besten. Unverkennbar ist sein Groll wegen des unmöglichen Verhaltens seiner Frau. Wird er fair und sachlich reagieren können, wenn es um die Aufteilung des gemeinsam erwirtschafteten Vermögens geht? Frau M. ist keinesfalls in der Lage, ihre Interessen zu vertreten.

Meine Bemühungen enden, als die Tochter sie zu sich in eine andere Stadt nimmt. Bei einem Besuch dort sei sie "ganz die Alte" gewesen und habe die Sehenswürdigkeiten genossen. Leider kann ich der Tochter keine Hoffnung machen, daß nicht auch dort der Biotensor nach einiger Zeit heftig ausschlagen wird.

Jürgen Sch. ist 22 Jahre und macht seinen Eltern seit zwei Jahren größte Sorgen. In der Schule war er noch in der Oberstufe ein Anführertyp, gut im Sport, Initiator einer Rockgruppe, mehrmals Klassensprecher. In der zwölften

Klasse verlor er wegen Unstimmigkeiten in der Schüler-
mitverwaltung die Lust und zog sich davon zurück. Das
Abitur schaffte er wie erwartet problemlos.

Im folgenden Urlaub bei einem Onkel im Ausland kam
es zu einem tragischen Unfall. Er ließ ein geladenes Jagd-
gewehr unachtsam herumliegen, ein Kind spielte damit und
kam ums Leben. Die gerichtliche Untersuchung läuft noch,
er wird mit einer Verurteilung rechnen müssen. Seitdem ist
er verändert.

Die Familie war hilflos, wie sie mit dem Unglück und
seiner Schuld umgehen sollte und hielt es für das Beste,
nicht davon zu reden. Er hat noch keine Anstalten gemacht,
sich für einen Beruf oder ein Studium zu entscheiden. Meist
schläft er tagsüber lange und verschwindet später, um ir-
gendwann nachts wieder aufzutauchen; manchmal weckt
er die Eltern, weil er keinen Schlüssel dabei hat. Wenn er
im Musikkeller am Synthesizer komponiert, schaudert der
Mutter – von der er die Musikbegabung "geerbt" hat – vor
dem unheimlichen und zerrissenen Ausdruck der Klänge.
Ohne Bescheid zu sagen, fuhr er bereits zweimal für einige
Tage zu Freunden in andere Städte. Auf die Vorhaltungen
der besorgten Eltern sagte er nur pampig, er sei doch schließlich erwachsen.

Soviel erfuhr ich von den Eltern, die ihn erfolglos zur
Behandlung bei mir motivieren wollten.

Zwei Jahre später machte die Mutter einen erneuten Versuch, und diesmal kam er mit. Er hatte sich wegen etwas
Krankem im Kopf selber in Behandlung begeben und war
jetzt schon seit längerem auf einer psychiatrischen Reha-
bilitationsstation. Als nächster Schritt war die Unterbringung in einer sozialpsychiatrischen Langzeiteinrichtung
vorgesehen. Er begegnete mir freundlich, aber gänzlich
desinteressiert. Er sei mit der Behandlung und der geplan-

ten Verlegung völlig einverstanden. Einzig die ständige Medikamenteneinnahme störe ihn. Auf die Frage nach seinen persönlichen geistigen Interessen erwiderte er kurz angebunden: "Buddhistische Philosophie". Einem ersten Behandlungsschritt stimmte er zu, doch zum folgenden Termin meldete er sich einige Minuten vorher über Anrufbeantworter ab.

Für die wissenschaftliche Psychiatrie haben Frau M. und Jürgen Sch. die gleiche Krankheit und werden deshalb gemeinsam als Schizophrene beforscht. Das geschieht mit den faszinierenden Möglichkeiten der bildgebenden Verfahren, bei denen erkennbar wird, welche Gehirnbereiche bei welcher psychischen Tätigkeit besonders durchblutet, d. h. aktiv sind. Auch die Ableitung der Hirnströme (EEG) erlaubt durch computergestützte Auswertungen, Veränderungen der Gehirnaktivität bei bestimmten Reizen zu erfassen. Frau Müller und Jürgen Sch. gehören bei derartigen Untersuchungen gemeinsam zu den schizophrenen Versuchspersonen, die mit den Befunden bei Gesunden verglichen werden.

Wenn beide schließlich infolge ihres Krankheitsschicksals zu den Menschen ohne Wohnsitz gehören, interessieren sich Sozialpsychologen dafür, wie Schizophrene mit dieser Situation umgehen.

Als Betroffene in einem Psychoseseminar werden sie beide kaum auftauchen; Frau Müller, weil sie es energisch bestreitet, psychisch krank zu sein, und Jürgen, weil er jeden Schwung verloren hat. Als Angehörige finden sich dort möglicherweise Frau Müllers Tochter und Jürgens Eltern ein.

Auch bei allen psychotherapeutischen Bemühungen steht die Gemeinsamkeit der Schizophreniediagnose im Vordergrund. Die systemische Familientherapie hat ein Konzept für die Bedeutung schizophrenen Verhaltens in der familiären Interaktion und leitet daraus therapeutische Konsequenzen ab. *"Aktiv verändern kann eine Situation aber nur der, der sich als handelndes Subjekt konstruiert. Dies ist der Grund, weswegen der einzelne konsequent als eigenverantwortliche Person behandelt wird, die sich, aus welchen Gründen auch immer, entschieden hat, so zu leben, wie sie lebt."* So Fritz Simon, Autor des Buches *Meine Psychose, mein Fahrrad und ich.*

Natürlich betrachtet auch die Psychopharmakologie sie aufgrund ihrer gleichen Diagnose in Therapiestudien gemeinsam. In der täglichen Praxis bekommen sie ebenfalls die gleichen Medikamente, wobei man bei Frau M. die Wirkung auf die Positivsymptome bewertet und bei Jürgen hofft, daß sich etwas an den Negativsymptomen ändert.

Wer Menschen wie Frau Müller oder Jürgen aus der Berufserfahrung kennt, wird kaum bezweifeln, daß beide an einer schweren psychischen Krankheit leiden. Doch stimmt diese Ausdrucksweise eigentlich genau genommen? Gemeinsam ist beiden, daß sie zumindest subjektiv nicht an einer Krankheit leiden. Frau Müller leidet unter den feindlichen Nachstellungen; noch genauer gesagt: sie scheint weniger im üblichen Sinne zu leiden, als sich vielmehr heftig darüber zu empören. So wie sie die Machenschaften jeweils durchschaut und ihre Abwehrmaßnahmen einsetzt, scheint sie sich keineswegs hilflos zu fühlen. Als ich ihr anbot, sie durch meine Behandlung unempfindlicher zu machen, wollte sie nichts davon wissen. Sie wäre ja geradezu aufgeschmissen, wenn sie nichts mehr davon mitbekommen würde.

Jürgen ist jenseits von Leid, Angst oder Empörung und verwirklicht, wenn auch unfreiwillig, das buddhistische Ideal des leidenschaftslosen Nicht-Verhaftetseins.

Was gibt uns dann eigentlich das Recht, diese beiden Menschen als krank zu bezeichnen? Müßten wir nicht ihre Art des In-der-Welt-Seins, die sie gefunden haben, akzeptieren und respektieren?

Dies war der Kern der hitzig geführten Debatte um den medizinischen Krankheitsbegriff in der Psychiatrie, von der in Kapitel 1 die Rede war. Solange Krankheit subjektiv vom betroffenen Individuum aus definiert wird, stoßen wir hier tatsächlich an die Grenzen seiner Sinnhaftigkeit.

Krankheit ist aber nie nur ein Verlust des individuellen, subjektiven Wohlbefindens.

Jeder Kranke geht in unterschiedlichem Maße seinen Mitmenschen verloren. Wer sich das Bein gebrochen hat, muß seine Teilnahme an einer Bergwanderung mit Freunden absagen und wird bei dieser Gelegenheit von ihnen vermißt. Wer zucker- oder alkoholkrank ist, fehlt den anderen als fröhlicher Mit-Genießer bei einer Tortenschlacht oder auf dem Oktoberfest.

Im Extremfall einer Krankheit mit tödlichem Ausgang geht der Mensch unwiederbringlich denen verloren, die ihn noch gebraucht hätten oder gern mit ihm zusammen waren. Deshalb können wir den gesellschaftlichen Auftrag an die Medizin durchaus so definieren: Sorge dafür, daß uns niemand unnötigerweise verloren geht! Alle medizinischen Fortschritte führen dazu, daß selbst schwer beeinträchtigte Menschen immer besser dabei bleiben und mithalten können. An den Heilritualen archaischer Kulturen ist dieses Anliegen der Gemeinschaft noch unmittelbar zu erkennen. Das Gesundmachen wird nicht an den Spezialisten delegiert, der es in der Abgeschiedenheit seines Sprechzimmers praktiziert, sondern es ist – unter der Anleitung des schamanischen Fachmanns – eine öffentliche Angelegenheit, an der alle mitwirken.

Selbst wenn Schizophrene subjektiv nicht leiden sollten, wie es in Jürgens Fall den Anschein hat, so sind sie doch ihren Mitmenschen auf tragische Weise verloren gegangen. Jürgen wird seine Musikbegabung weder als Lehrer noch als Hobby zur Freude anderer nutzen können. Frau Müller wird ihren Enkelkindern nichts mehr nähen oder basteln. Die systemische Betrachtungsweise, "daß sie sich, aus welchen Gründen auch immer, entschieden haben, so zu leben, wie sie leben", wird hier zum zynischen Unsinn.

Wie viele Eltern in ähnlicher Lage wie die von Jürgen haben von sozialpsychiatrischen Beratern schon die Empfehlung gehört, sie sollten ihn die Konsequenzen seines gemeinschaftswidrigen Verhaltens spüren lassen? Ihm Grenzen setzen, etwas von ihm fordern, ihn vor die Tür setzen und nicht immer wieder mitleidig aufnehmen! Die meisten dieser Eltern bringen das nicht fertig und lassen sich lieber vorwerfen, sie könnten ihre doch eigentlich schon erwachsenen Kinder einfach nicht loslassen.

Sollte eine derartige Beratung doch einmal fruchten oder sollte Jürgen aus disziplinarischen Gründen die Langzeiteinrichtung verlassen müssen, so wird er vermutlich die erleichternde Wirkung von Alkohol oder anderen Drogen entdecken und sich mit anderen drogenkranken Ausgestoßenen im Stachus-Untergeschoß in München oder an den entsprechenden Plätzen auf der ganzen Welt versammeln. Dort trifft er auf andere Menschen, die ein Psychiater schizophren nennen würde. Zum Beispiel die Frau mit dem vollbepackten Handwagen, neben der ich einmal im Buswartehäuschen Platz nahm. Sofort blaffte sie mich in aufgebrachtem Ton an, was mir denn einfiele, in ihrem Kopf zu denken?

Trotz der großen Unterschiede im Erscheinungsbild und Krankheitsverlauf mag es wegen der gleichen sozialen Folgen manchem plausibel erscheinen, daß Jürgen und Frau Müller die gleiche Krankheit haben.

Um die Suche nach dem gemeinsamen Nenner der Schizophrenie fortzusetzen, sei noch das Leben eines dritten schizophrenen Menschen skizziert.

Greta S.-T. lebt allein mit ihrer achtjährigen Tochter und gehört als Bürohalbtagskraft zum Team einer kleinen Werbeagentur. Niemand, am wenigsten ihr Mann, hatte verstanden, warum sie vor vier Jahren die Trennung wollte. Um ihr die vielleicht nötige Selbstfindung zu ermöglichen, war er schließlich ausgezogen. Die gemeinsame Elternschaft für Lena stand nie in Frage und wurde harmonisch praktiziert. So konnte Herr T. – natürlich mit einigem organisatorischen Aufwand – auch bei den drei schizophrenen Schüben einspringen, die Greta S.-T. bisher erlitten hat.

Für das damals fünfjährige Kind muß die unheimliche Veränderung der Mutter beim ersten Mal sehr erschreckend gewesen sein. Nachbarn wurden auf die verstörte Kleine aufmerksam und fanden die Mutter in nicht ansprechbarem Zustand in der Wohnung. Sie bewegte sich seltsam starr, schien gebannt zu lauschen, wehrte zunächst wortlos alles ab, ließ sich aber schließlich in die Klinik bringen.

Hier ging es ihr schnell wieder gut; schon nach vierzehn Tagen wirkte sie unauffällig, wandte sich Lena in der gewohnten liebevollen Weise zu und konnte nach vier Wochen entlassen werden. Auch ihre Kolleginnen freuten sich über den glimpflichen Verlauf und brauchten sie wieder dringend. Die Entlassungsdiagnose lautete: Psychotische Episode, Verdacht auf Erstmanifestation einer katatonen Schizophrenie. Dies ist eine korrekte Diagnose, weil sie bei der kurz verlaufenen psychotischen Ersterkrankung noch nichts festlegt, aber gleichzeitig erkennen läßt, an was die Ärzte am ehesten gedacht haben. Unter der folgenden neuroleptischen Dauerbehandlung litt sie sehr, fühlte sich nicht nur äußerlich durch die deutliche Gewichtszunahme entstellt, sondern überhaupt nicht mehr wie sie selber. Deshalb setzte sie nach einigen Wochen alles ab, auch mit Billigung ihres psychiatrie-kritischen Noch-Ehemannes.

Leider wiederholte sich nach knapp einem Jahr die Psychose. Lena hatte möglicherweise etwas gespürt, denn sie hatte den Vater dringend gebeten, außer der Reihe bei ihm übernachten zu dürfen. Als er sie zurückbrachte, fand er die Patientin in einem hilflosen, wie angsterstarrten Zustand vor und fuhr sie in die Klinik. Wieder dauerte es nur wenige Tage, bis sie wieder unauffällig erschien. Diesmal mußte sie sich ernsthafter mit der Notwendigkeit einer langfristigen Medikamenteneinnahme auseinandersetzen und willigte dem Kind zuliebe ein. Bis auf die dadurch bedingten Beschwerden ging ihr Leben danach ungestört weiter.

Die Kolleginnen unterstützten und ermutigten sie und hatten auch allerlei Ideen, wie diese Ereignisse astrologisch zu verstehen und vielleicht mit Bachblüten zu behandeln seien. Greta S.-T. sind solche New-Age-geprägten Gedanken keineswegs fremd, und sie sucht selber nach Zusammenhängen, die ihre Ausnahmezustände begreiflich machen könnten.

Lena entwickelte sich unbeschwert weiter und erklärte, daß sie eine dicke Mutti besonders lieb habe.

Der Psychiater hatte in Frau S.-T. eine ausgesprochen einsichtige und kooperative Patientin, die psychisch völlig gesund wirkte. Deshalb sah er nach zwei Jahren den Zeitpunkt für das Ausschleichen der Medikation gekommen. Bereits unter der Dosisreduktion kam es jedoch zum dritten Schub.

Die Patientin und ihr persönliches Umfeld haben sich nun darauf eingestellt, mit der Krankheit zu leben. Glücklicherweise ist sie ja zwischen den Schüben immer wieder der Mensch, den alle kennen und mögen. Daß sie durch die Medikamente ihre frühere quirlige Lebhaftigkeit nicht mehr zum Ausdruck bringen kann, wird in Kauf genommen.

Als Dritte gehört Greta S.-T. gemeinsam mit Frau Müller und Jürgen in allen Forschungsvorhaben, z. Bsp. zur Erblichkeit, bei statistischen Erhebungen und für die psychiatrische Alltagspraxis zum Kollektiv der schizophrenen Patienten.

Im Gegensatz zu den beiden anderen wird sie möglicherweise als Betroffene an einem Psychoseseminar teilnehmen und dort Einzelheiten über ihre psychotischen Erlebnisse berichten, die die Klinikpsychiater nie zu hören bekamen, weil sie nicht danach fragten.

Für die Bewältigung ihrer Krankheit wird sie die Unterstützung eines psychoanalytisch orientierten Therapeuten in Anspruch nehmen und mit ihm über ihre Kindheit reden. Wie hat sie die Eltern erlebt? Mutter kalt, Vater schwach. Dem Therapeuten wird auffallen, daß sie zeitlebens ein schwach entwickeltes Selbstwertgefühl hatte und dies durch Leistung und soziale Anpassung kompensierte. Seine Erkenntnisse gehen in das psychoanalytische Wissen über die Entstehung von schizophrenen Psychosen ein.

Ihre befreundete Kollegin hat indessen mit einem Reinkarnationstherapeuten über ähnliche Fälle gesprochen und erfahren, daß hier massive karmische Belastungen vorliegen. Die Patientin selber ist – schon ihrem Kind zuliebe – zu angepaßt und ängstlich, um sich auf irgendwelche Außenseitertherapien einzulassen.

Die große Frage bleibt: Wie bekommt die Psychiatrie die drei geschilderten Menschen: Frau Müller (paranoid), Jürgen (hebephren) und Greta S.-T. (kataton) unter den einen Hut der Diagnose Schizophrenie? Mehr als die geschichtlich entstandene Übereinkunft, die sich in den Diagnosekriterien widerspiegelt, wird sich dafür beim besten Willen nicht anführen lassen.

Machen wir das Bild nun noch etwas bunter durch die Fallskizze eines schizoaffektiven Patienten.

Die Verfasser von Psychiatrielehrbüchern treten verlegen von einem Fuß auf den anderen, wenn sie sich dazu äußern, ob dieses Krankheitsbild zur Schizophrenie gezählt werden soll oder nicht. In den Diagnoseverzeichnissen DSM und ICD wird es diesem Bereich zugeordnet, wenn auch mit Bemerkungen, die ein schlechtes Gewissen verraten.

ICD 10: *"Schizoaffektive Störungen werden trotz ihrer umstrittenen Natur weiterhin hier angeführt."*

DSM-III-R: *" ... stellt eines der am wenigsten einheitlichen und kontroversesten Konzepte in der psychiatrischen Nosologie dar."*

Kann es wirklich sein, daß ausgerechnet bei den elementar menschlichen Krankheiten der Psychiatrie die Kunst der Diagnosestellung immer einfacher wird, während in allen anderen medizinischen Fachgebieten ständig alles komplizierter wird? Tatsächlich hat die Kreation der Diagnose „schizoaffektiv" die Tätigkeit des Diagnostizierens sehr erleichtert.

Obwohl bereits 1933 erstmals vorgeschlagen, war sie noch in meiner Assistenzarztzeit bei den Vorgesetzten als Verlegenheitsdiagnose verpönt. Diese "rückständigen alten Obermedizinalräte" verlangten, daß wir uns bei jedem Patienten, der sowohl eine Gemütsverstimmung wie schizophrene Merkmale aufwies, entscheiden sollten, was im Zentrum steht und was zweitrangig dazu kommt.

In den Fällen, wo dies – nicht bloß mangels differentialdiagnostischer Fähigkeiten – einfach nicht zu entscheiden sei, sollten beide Diagnosen dokumentiert werden; der weitere Verlauf werde vielleicht eine Klärung bringen.

Der unaufhaltsame Fortschritt, wie er sich in den Diagnosemanualen niederschlägt, ist über diese Ansicht hinweggegangen und erspart heutigen Assistenzärzten viel Mühe.

Robin F., geboren 1964, war von Kindheit an ein etwas ängstlicher, kontaktscheuer Bücherwurm, ganz im Gegensatz zum Rest der Familie. Im Studium zeigte er eine enorme geistige Leistungsfähigkeit. Zum Abschluß gönnte er sich eine Reise durch Afrika, und kam verändert zurück: selbstsicher, aufgeschlossen, kontaktfreudig. Einige Monate später hatte der sonst nicht sehr eifrige Kirchgänger bei der Besichtigung einer Basilika etwas, das er rückblickend als Erleuchtungserlebnis beschreibt. Den Angehörigen machte er danach zunehmend Sorgen durch Geldausgaben, reichlichen Alkoholgenuß in verrufenen Lokalen und verworrene großspurige Reden.

Bis zur gerichtlichen Unterbringung vergingen einige Wochen, unter der neuroleptischen Behandlung normalisierte sich sein Verhalten dann schnell. In seinem manieähnlichen Zustand war er der Überzeugung gewesen, durch Anschluß an die kosmische Weisheit unermeßliche Heilkräfte zu besitzen, die insbesondere gesellschaftlichen Randgruppen zugute kommen sollten.

Rückblickend fragten sich die Eltern, ob bereits sein vermeintlich erfreulich verändertes Wesen nach der Afrikareise ein Vorwarnzeichen des psychotischen Ausbruchs gewesen war. Daß das Medikament für die Malariavorbeugung Psychosen auslösen kann, hatten sie dem Beipackzettel entnommen. Darauf seien die Psychiater aber nicht eingegangen.

Der weitere Krankheitsverlauf des jungen Mannes war dadurch bestimmt, daß die Neuroleptika, die er langfristig einnahm, die Stimmungslage zur depressiven Seite verschoben. Dieser Effekt tritt in individuell unterschiedlichem Maße auf; dieser Patient war davon schwer betroffen. Eine Weiterqualifizierung im Beruf schaffte er mit großen Mühen, sonst hatte er keinerlei Lebensqualität.

Mehrere weitere Klinikaufnahmen waren wegen schwerer Depression mit Suizidgefahr erforderlich.

Nach zwei Jahren versuchten die Klinikärzte, das Haloperidol abzusetzen, während ein Antidepressivum weitergegeben wurde. Darauf geriet er innerhalb weniger Tage in einen psychotischen Zustand mit ängstlichem Mißtrauen und wiederum Erlösungsideen. Hier ist offenbar bei einem besonders empfindlichen Patienten der Effekt des schnellen Absetzens zusammengetroffen mit der psychosefördernden Wirkung, die tendenziell jedes Antidepressivum hat.

Berücksichtigen wir die Möglichkeit, daß auch Robin F., genau wie viele andere meiner Patienten, das Haloperidol nach dem Abklingen der ersten maniformen Phase nicht mehr gebraucht hätte, und durch die Weiterverordnung unnötig mit der dadurch hervorgerufenen Depression belastet wurde, so wird deutlich, wie dringend sich die Psychiatrie um die Besonderheit der schizoaffektiven Störungen kümmern muß.

Mit der neuroleptischen Langzeitmedikation behandelt man diese Menschen wie Schizophrene, obwohl sie außerhalb ihrer psychotischen Zeiten keinerlei schizophrene Merkmale zeigen, keinen Wahn, keine Halluzinationen, keine Denk- oder Affektstörungen. Mit Lithium oder ähnlich wirkenden Mitteln versucht man, wie bei Manisch-Depressiven die Stimmungsschwankungen zu unterdrücken. Das ist bei oft auftretenden Phasen sicher einen Versuch wert, wird aber allzu häufig auch dann noch unermüdlich fortgeführt, wenn es trotzdem immer wieder zu psychotischen

Episoden kommt. Anders als die manisch-depressive Erkrankung, bei der die Phasen grundlos, allenfalls gekop-
pelt an jahreszeitliche Rhythmen auftreten, ist bei den Psychosen der Schizoaffektiven meist ein auslösendes Ereignis
zu erkennen, das für die Betroffenen im weitesten Sinne
Stress bedeutete. Alle vorbeugenden Maßnahmen stehen bei
diesem Krankheitsbild auf der Grundlage eines soliden und
auch offen eingestandenen Nicht-Wissens. Wie hieß es doch
früher so schön? Vor die Behandlung haben die Götter die
Diagnose gesetzt. Hier aber wird auf vage Vermutungen hin
drauflos behandelt.

Kapitel 5

Wer hört Stimmen?
Und wer hat sonstige
besondere Fähigkeiten?

1993 erschien das Buch des US-amerikanischen Psychologen Julian Jaynes *Der Ursprung des Bewußtseins.* Der Autor war vom Phänomen des Stimmenhörens ausgegangen und zu eigenwilligen Schlußfolgerungen gelangt. Das uns heute selbstverständliche menschliche Bewußtsein habe sich erst in historischer Zeit entwickelt, nämlich zwischen 2100 und 1300 v. Chr. Bis dahin hätten die Menschen nicht im heutigen Sinne gedacht, sondern Stimmen, vorzugsweise von Göttern, gehört und auf sie reagiert.

Dies belegt er ausführlich anhand der homerischen Ilias, die zwar erst um 600 v. Chr. entstanden ist, aber noch die Erinnerung an das ursprüngliche menschliche Bewußtsein bewahre.

Besonders bemerkenswert fand ich seine Mitteilung über völlig gesunde Menschen, die sich aufgrund seiner Veröffentlichungen bei ihm melden und berichten, daß sie die Stimme verstorbener Verwandter hören. Das sei für sie keine Beeinträchtigung, sondern eher eine Bereicherung. Wohlweislich würden sie sonst nicht darüber reden und schon gar nicht mit einem Arzt, weil es sich herumgesprochen hat, daß Psychiater vom Stimmenhören unweigerlich auf eine schwere seelische Krankheit, nämlich Schizophrenie schließen. Auf diese Weise waren auch mir noch nie Stimmenhörer begegnet, die nicht gleichzeitig psychotisch erkrankt waren.

Der Fachausdruck für Stimmenhören lautet Phoneme. Damit werden sie von anderen akustischen Halluzinationen abgegrenzt, wie Geräuschen aller Art oder unartikulierten Tier- und Menschenlauten, die als Akoasmen bezeichnet werden.

Welch hoher diagnostischer Stellenwert dem Phänomen Stimmenhören für die Schizophreniediagnose zugesprochen wird, bestätigte ein sozialpsychologisches Experiment in der siebziger Jahren.

Mehrere Psychologen und Sozialwissenschaftler schmiedeten ein Komplott, um psychiatrische Kliniken in Kalifornien aus der Innenansicht der Patienten zu erforschen. Sie verabredeten, daß sie um stationäre Aufnahme bitten würden, weil sie eine Stimme gehört hätten, die die Worte „dumpf, hohl" sagte. Ansonsten würden sie nur wahrheitsgemäße Angaben zu ihrem Befinden, ihrer biografischen Entwicklung usw. machen. Ihre Besorgnis, daß schon die Aufnahmeärzte sie als Simulanten entlarven und heimschikken würden, war unbegründet. Alle wurden aufgenommen, mit der Diagnose Schizophrenie versehen und zwischen vier Wochen und zwei Monaten behandelt.

Während viele Mitpatienten ihnen bald auf die Schliche kamen, blieb das Personal arglos. Daß sie sich ständig eifrig Notizen machten, wurde als Ausdruck ihrer Störung beschrieben. Ihre völlig durchschnittlichen Lebensläufe – wie viele Jungakademiker werden nicht von gelegentlichen Spannungen mit den Eltern berichten können? – waren für die psychoanalytisch geschulten Psychiater das Material, aus dem sie die psychodynamische Entwicklung einer Schizophrenie herleiteten.

Diese Studie von D. L. Rosenhan, *On being sane in insane places*, veröffentlicht 1973, sorgte für hämische Genugtuung bei psychiatriekritischen Intellektuellen. Auch die Psychiater nahmen sie sich zu Herzen. Als erstes sank nach der Veröffentlichung die Häufigkeit der Schizophreniediagnose deutlich ab, natürlich vor allem in den hereingelegten Kliniken. Insgesamt trug sie sicher dazu bei, daß das Problem der Absicherung und Vergleichbarkeit von psychiatrischen Diagnosen in den USA seither ernster genommen wurde, wie wir in Kapitel 2 gesehen haben.

Trotzdem denken Psychiater immer noch reflexhaft an Schizophrenie, sobald sie erfahren, daß jemand Stimmen hört (siehe Fall 3 in Kap. 3). Die psychisch gesunden Gesprächspartner von Jaynes taten also gut daran, ihr ungewöhnliches Erleben für sich zu behalten.

Bei mir änderte sich durch das Buch von Jaynes der Blickwinkel, unter dem ich eine als schizophren diagnostizierte Patientin sah. Sie erzählte freimütig von Stimmen der Außerirdischen, und zwar auch in Phasen, in denen sie ihr Leben gut meisterte und zufrieden schien. Hatte ich bisher ihre Halluzinationen als Schwerpunkt und Gradmesser meiner therapeutischen Bemühungen gesehen, so konnte ich jetzt etwas entspannter damit umgehen.

Weitreichende Folgen hatte das Buch für einen holländischen Psychiater, Marius Romme. Eine stimmenhörende Patientin von ihm hatte Jaynes gelesen und ließ nicht mehr locker mit der Frage, was denn an ihr schizophren sei, wenn sie lediglich diese Besonderheit habe. Romme war neugierig genug, um der Sache nachzugehen. Nach einer Fernsehsendung, die er gemeinsam mit der Patientin bestritten hatte, meldeten sich zahlreiche Stimmenhörer mit und ohne

Psychiatrieerfahrung. So entstand das Netzwerk Stimmenhörer. 1997 erschien das Buch *Stimmenhören akzeptieren,* hrsg. von M. Romme und S. Escher, auf deutsch.

Es enthält die Selbstzeugnisse von stimmenhörenden Menschen, die nie mit der Psychiatrie in Berührung kamen. Einige scheinen samt dieser Besonderheit ein ansonsten unauffälliges Berufs- und Familienleben zu führen. Andere interpretieren ihre ungewöhnlichen Erfahrungen im Rahmen eines spiritistischen Glaubenssystems und sind in entsprechende Kreise eingebunden. Der außenstehende Betrachter kann sich fragen, ob ihre geistige Freiheit dort sehr viel größer ist als im Machtbereich der Psychiatrie. Für die Selbstachtung der Betroffenen ist es zweifellos wesentlich schonender.

Die geschilderten Stimmen haben belehrende, teils gar prophezeiende Inhalte oder wenden sich mit Aufforderungen, manchmal auch Drohungen oder Beschimpfungen direkt an die Hörer.

Niemand berichtet von Stimmen, die in der dritten Person über ihn geredet hätten, also kommentierende Stimmen. Niemand hörte Stimmen, die sich miteinander unterhalten, also Stimmen in Rede und Gegenrede.

Nur die beiden zuletzt genannten Äußerungsformen von Stimmen gelten als Symptome ersten Ranges und damit beweisend für Schizophrenie. Dem voreiligen Diagnostiker von Fall 3 war das offenbar entfallen; der betreffende Patient hatte immer nur eine direkte Anrede gehört.

Unter Berufung auf die Theorie von Jaynes schreibt eine Stimmenhörerin in dem Buch:

„Es besteht eine bemerkenswerte Ähnlichkeit zwischen der Sprechweise der Götter in der Ilias und der Art und Weise, in der viele von uns Stimmen hören. Sie unterhalten sich, drohen, fluchen, kritisieren, beleidigen, ermahnen, trösten, spotten, winseln und höhnen. Oft haben sie eine spezielle Eigenart, wie sehr langsames oder skandierendes Sprechen."

Hier werden Stimmen, die sich unterhalten, also ein erstrangiges Symptom, gleichbedeutend mit anderen und auch mit Akoasmen erwähnt. Aufschlußreich wäre im Vergleich zwischen psychiatrisch gesunden und schizophrenen Stimmenhörern, ob sie sich – wie zu vermuten wäre – in der Qualität ihrer Stimmen unterscheiden.

Für eine derartige Untersuchung bestehen aber zwei Voraussetzungen. Zunächst müßte das Stimmenhören allgemein enttabuisiert werden. Nach meiner Überzeugung verneinen viele Patienten dieses vermeintlich so schwerwiegende Symptom auch bei gezielter Nachfrage. Zum anderen müßte dann mit ihnen genauer über die Art der Stimmen gesprochen werden und darüber, wie sie davon berührt werden.

Eine Einzelbeobachtung spricht dafür, daß auch die hochrangig bewerteten Stimmen nicht beweisend für einen schweren schizophrenen Krankheitsverlauf sind. Eine Patientin hörte ihre Nachbarn, die sich in Rede und Gegenrede gehässig über sie unterhielten und ihr Verhalten höhnisch kommentierten. Das akute Einsetzen dieses psychotischen Schubes, den sie mit großer Angst erlebte, ließ trotzdem an eine günstige Prognose denken. Sie ist ohne Medikamente seit über vier Jahren rückfallsfrei.

Das Netzwerk Stimmenhörer, das sich von Holland ausgehend auch in Deutschland ausbreitet, weist mit Nachdruck auf eine Tatsache hin, die Psychiatern theoretisch schon lange bekannt ist. Dazu ein Zitat aus einer Weiterbildungsserie, die eine Pharmafirma verdienstvollerweise zur (Wieder-) Aufbesserung psychopathologischer Kenntnisse an niedergelassene Psychiater verschickt:

„Akustische Halluzinationen finden sich zumeist bei

schizophrenen Psychosen. Aber auch (endogen) Depressive können Vorwürfe, Drohungen und Beschimpfungen hören. Betroffen sind auch Menschen mit organischen Psychosen, z. B. einem Delirium tremens beim Alkoholismus (Stimmen, Musik, Straßenlärm) oder durch andere Noxen. Jedoch wichtig: Nicht jede akustische Halluzination ist ein Krankheitszeichen (z. B. ein Witwer „hört" die Stimme seiner verstorbenen Partnerin. Ein einsamer Wanderer in Extremsituation erfährt „höheren" Zuspruch usw.)." aus: *Psychiatrie in Stichworten*, hrsg. v. Volker Faust.

Möglicherweise ist es schon vorgekommen, daß ein Patient mit Ohrgeräuschen (Tinnitus) wegen seiner ängstlichen Verunsicherung die Diagnose einer paranoid-halluzinatorischen Psychose bekam, denn auch diese Differentialdiagnose wird erwähnt.

Als weitere Differentialdiagnose müssen heutige Psychiater mit der Praxis des „Channelns" vertraut sein. Mit dem Aufblühen der sogenannten Esoterik werden spiritistische Praktiken wiederbelebt, die bereits im 19. Jahrhundert im Schwange waren. Channel-Medien versetzen sich durch bestimmte Verfahren in einen tranceartigen Zustand und werden damit zum Kanal für höheres Wissen. Meistens hören sie irgendwelche abgeklärten Geistwesen zu ihnen sprechen, darunter auch C. G. Jung. Diese „Eingaben" werden auf vielfältige Weise veröffentlicht und unter die Interessenten gebracht. Unter ungünstigen Umständen könnte jemand aus dieser Branche an einen Psychiater geraten. Dieser muß wissen, daß es sich dabei um ein willkürlich herbeigeführtes Trance-Phänomen handelt – nicht zu verwechseln mit Halluzinationen.

Eine „channelnde", von Reinkarnation überzeugte Buchhändlerin und ein Psychiater, der Rattenhirne untersucht im Glauben, dort etwas über Schizophrenie herauszufinden – diese beiden Zeitgeistvertreter dürften sich gegenseitig für komplett verrückt erklären. Psychisch krank sind sie beide nicht.

Wie wir sahen, waren gründliche Psychiater schon immer vorsichtig damit, Stimmen, also Phoneme für das ausschließliche Vorrecht psychisch Kranker zu halten. Die organisierten Stimmenhörer im „Netzwerk" oder anderen Selbsthilfegruppen sorgen jetzt dafür, daß die Psychiatrie insgesamt sich wieder gründlicher mit den Erscheinungsformen von Phonemen befassen muß.

Sonstige besondere Fähigkeiten

Ein Patient bemerkte, als er mit seinem Vater im Fernsehen ein Fußballspiel verfolgte: „Das hab ich dem Trainer gerade eingegeben, daß er den Torwart endlich auswechseln soll." Dem erstaunten Vater erklärte er, daß er öfter fremde Leute mit seinen Gedanken beeinflussen könne. Der Vater fand das bemerkenswert genug, um es mir mitzuteilen. Sein Sohn hatte vor etlichen Monaten eine Psychose durchgemacht und war danach lange Zeit sowohl niedergeschlagen wie unleidlich gewesen.

Zur Zeit des Fußballspiels hatte sich das Familienleben schon wieder etwas entspannt, er wirkte ausgeglichener, machte seine Ausbildung und vertrug sich mit seinen Freunden. Hätte er stattdessen geäußert: „Das hab ich mir gewünscht, daß der Trainer das endlich macht!", so hätte er damit seine intensive Anteilnahme am Spielverlauf gezeigt und niemand hätte gestutzt. Seine eigenartige Ausdrucksweise ist ein Ausrutscher in die Welt des Märchens, wo bekanntlich das Wünschen noch geholfen hat. Dieses magische Erleben ist der Weltbezug kleiner Kinder.

Offenbar gibt es auch Erwachsene, die unauffällig unter uns leben, und die eine gedankliche Beeinflussung fremder Menschen für möglich halten, wie folgende Werbezuschrift zeigt.

„Ich bin skeptisch, aber da Sie mir anbieten, die Methode 30 Tage lang zu testen, nehme ich Ihr Angebot an. Dabei

– ermöglicht mir diese Methode, andere Menschen zu beeinflussen, damit sie exakt das tun, was ich ihnen insgeheim befehle.

– muß ich kein einziges Wort sagen oder etwas Konkretes unternehmen. Die betreffende Person wird nicht ahnen, daß ich es bin, die ihr Tun und Denken beeinflußt.

– werde ich dank dieser Methode außerdem die Gedanken anderer kontrollieren und 'sehen' können und dabei erfahren, ob sie die Wahrheit sagen, und wissen, ob ich über alles informiert bin.

Unter diesen genannten Bedingungen lassen Sie mir bitte die 'Macht der höchsten Suggestion' zum Preis von DM 69,– wie folgt zukommen. (Vorauskasse zzgl. 8,50 Versandkosten oder Nachnahme zzgl. 13,50 Gebühr.)"

Der Interessent muß nicht seinen Namen schreiben können – Ankreuzen genügt –, aber immerhin des Lesens kundig sein. Die Genfer Firma ließ sich im Mai 1999 Druck und Versand des Werbematerials einiges kosten, woraus zu schließen ist, daß sie mit ernstgemeinten Bestellungen rechnete.

Die faszinierende Gedankenspielerei mit derartigen Möglichkeiten ist ein Standardelement der Science-fiction und Fantasy Literatur und befriedigt offenbar ein allgemeinmenschliches Wunschdenken.

Zahlreiche speziell an Ärzte gerichtete Werbezusendungen, die märchenhafte Finanzierungsmodelle anbieten, können nur auf der empirisch gesicherten Tatsache beruhen, daß es auch unter diesen hochqualifizierten Akademikern genug Wundergläubige gibt, deren Verstand sich beim Thema Geld abschaltet.

Das Leitbild unserer modernen westlichen Kultur, das vernunftbestimmte, autonome Individuum mit seinen stabilen Ich-Grenzen, ist demnach nur ein andersartiges Wunschgebilde und hat mit der subjektiven Wirklichkeit konkreter Menschen wenig zu tun.

Wer allerdings als Erwachsener gar zu tief in einem magischen Weltbezug stecken geblieben ist, bekommt heute bei uns mehr Probleme als zu anderen Zeiten oder in anderen heutigen Kulturen.

Der genannte junge Mann litt unter seinem „Gedankenabstrahlen". Auf diesem Wege zum Auswechseln eines Fußballers beizutragen ist eine Sache. Etwas anderes ist das Gefühl, ständig in unwillkürlicher Gedankenverbindung zu wildfremden Menschen zu stehen. In der U-Bahn hatte er reichlich Gelegenheit zu beobachten, daß Passanten sich räuspern oder husten als Folge seiner Gedanken. Manchmal merkte er, wie andere sich seinen Bewegungen synchronisierten.

Dabei plagten ihn Schuldgefühle, weil er überzeugt war, damit den anderen lästig zu fallen. Weniger ausgeprägt waren seine Klagen darüber, daß auch er beeinflußt wurde.

Es war ihm anzumerken, wie anstrengend es für ihn war, unter diesen Bedingungen das Leben eines jungen Mannes zu führen, der eine Ausbildung macht, nebenbei jobbt, in einer räumlich beengten Wohngemeinschaft lebt und abends ausgeht. Trotzdem stellte er sich diesen Anforderungen und kämpfte darum, sich besser zu fühlen.

Seine Gedankenübertragungen machten ihn ratlos und beeinträchtigten seine Lebensfreude. Es schien ihn etwas zu beruhigen, als ich ihm sagte, daß es wohl etliche Menschen gibt, die mit dieser Besonderheit leben müssen. Daß andererseits die meisten Menschen keinerlei Empfänglichkeit dafür haben und deshalb nichts von dem spüren, wofür er sich verantwortlich fühlt. Vielleicht sei ihm lediglich eine zwischenmenschliche Verständigung bewußt, die normalerweise außerhalb der bewußten Wahrnehmung abläuft.

Wie kommt es, daß die Leute in einer belebten Einkaufsstraße nicht ständig ineinanderrennen? Mit welchen unmerklichen Signalen stimmen sie sich sekundenschnell darüber ab, wer nach welcher Seite ausweicht? Nur in den seltenen Fällen, wo dieser Vorgang gestört ist, stehen sich zwei Passanten plötzlich auf Schrittnähe gegenüber, oft machen sie dann auch noch den Ausweichschritt in die gleiche Richtung, bis sich die Situation unter Lachen auflöst. Außerbewußte Kommunikation ist auch zwischen Müttern und kleinen Kindern üblich. Ziemlich oft hat ein Erwachsener die spontane Eingebung, mal wieder ins Kinderzimmer zu schauen, und kommt gerade dazu, wie die Kleinen eine gefährliche Beschäftigung beginnen.

Im weitesten Sinne gehört dies zu den telepathischen Phänomenen, mit denen sich die Humanwissenschaften noch nicht ernsthaft beschäftigt haben. Desungeachtet gibt es sie aber, und Menschen, die diesbezügliche Besonderheiten aufweisen, müssen sich einstweilen, so gut es geht, damit zurechtfinden.

Was hätte diesem Patienten meine psychiatrisch korrekte Aussage genützt, daß er eine für Schizophrenie typische Ich-Störung hat?

Unter dem Begriff Ich-Störung werden zentrale psychopathologische Phänomene der Schizophrenie zusammengefaßt, nämlich Gedankenlautwerden, Gedankeneingebung oder Gedankenentzug. Das Bild dabei ist, daß der Mensch ein abgegrenztes Ich „hat" und bei Schizophrenen diese Ich-Grenze durchlässig ist. Dieses Bild hat sich als fruchtbar erwiesen für die psychoanalytisch geprägte Einfühlung in das Erleben schizophrener Menschen.

Nur, was dann? Was hat der Patient davon, wenn ihm dieses Bild nahe gebracht wird? Tatsächlich leiden diese Patienten unter ihrer Angst des Ausgeliefertseins, unter Schuld- und Schamgefühlen, aber nicht unter ihrem durchlässigen Ich.

Vielleicht sollte sich die Psychiatrie mehr an das halten, was die Patienten direkt mitteilen, statt sie anhand vorgefertigter theoretischer Konzepte zu interpretieren.

Wir sahen, daß die besonderen Fähigkeiten von Schizophrenen immer wieder in die Nähe von parapsychologischen Themen führen, mit denen sich eine Handvoll Forscher ernsthaft, unzählige „Esoteriker" aber voll kritikloser Begeisterung beschäftigen. Ein seriöser Psychiater faßt solche Themen nicht einmal mit der Zange an und hält sich lieber an Gesichertes und Bewährtes. Lernen doch bereits Schüler der Mittelstufe, daß der Mensch ein Es, ein Ich und ein Über-Ich „hat." Die zerbrechlichen Gedankengebäude der Psychoanalyse, von ihren Schöpfern als erkenntnisleitende Prinzipien ersonnen, sind zu vermeintlich gesichertem, volkstümlichem Wissen geworden.

Ein anderer großer jüdischer Denker, etwas jünger als Freud, hat die Beziehungen Ich-Du und Ich-Es erarbeitet. Leider ist Martin Buber mit seinem *dialogischen Prinzip* in der Psychiatrie ein Geheimtip geblieben.

Wenn wir nun schon bei diesen anrüchigen Themen sind, sei noch kurz auf die hellsichtige Begabung Schizophrener und auf ihre mystischen Erfahrungen eingegangen.

Daß diese Patienten einen sechsten Sinn für zwischenmenschliche Unstimmigkeiten haben, ist jedem therapeutischen Team bekannt. Wie sich experimentell nachweisen läßt, verfügen sie über eine unbestechliche Wahrnehmung. Auf optische Täuschungen, die in Jahrmarktsbuden zu verblüffenden Effekten genutzt werden, fallen sie nicht herein – und können daher auch keinen Spaß daran haben.

Eine sehr umfassende und unvorstellbar genaue, aber nicht bewußt vollzogene Wahrnehmung dürfte manche „hellsichtige" Ereignisse erklären. So berichtete mir ein Mann, wie er in einem mystisch ergriffenen Zustand um das Zeichen eines Regenbogens gebetet habe und kurz darauf sei ein so prachtvoller erschienen, daß die Nachbarn aus den Häusern kamen, um ihn in ganzer Ausdehnung zu bewundern. Er konnte meine Vermutung nachvollziehen, daß er unwissentlich meteorologische Beobachtungen registriert und verrechnet haben könnte und so auf den Gedanken eines Regenbogens kam.

In einen Zustand mystischer Bewußtseinsveränderung zu geraten, ist ziemlich einfach, wenn man darauf Wert legt. Bewährt sind die verschiedensten Meditationspraktiken, eine Abwandlung davon ist das holotrope Atmen nach Stanislaw Grof. Noch leichter geht es mit bewußtseinsverändernden Drogen oder Lachgas. Dann erlebt man das, was kultureller Hintergrund und persönliche Erwartungen nahelegen; es ist nichts Besonderes. Die Ähnlichkeit oder geradezu Gleichförmigkeit des mystischen Grunderlebens in allen Kulturen und zu allen Zeiten spricht dafür, daß Menschen – zu welchem Zweck auch immer – dafür biologisch ausgestattet sind. Viele Menschen erfahren in der Psychose plötzlich und unwillkürlich einen in dieser Richtung veränderten Bewußtseinszustand. Welche Stimmen sie dabei hören und in welcher Rolle sie sich dabei fühlen, entscheidet wiederum ihr kultureller Hintergrund. Auch eine bestimmte Form von Anfallskrankheit scheint häufig mit ähnlich gearteten Bewußtseinsveränderungen einherzugehen.

Daß auch die großen Gestalten aller Religionen derartige Erfahrungen gemacht haben, gibt zu zweierlei Trugschlüssen Anlaß. Der erste lautet, Moses, Jesus, Mohammed und alle übrigen seien „nichts als" Epileptiker oder Psychotiker gewesen.

Praktisch bedeutsamer ist der umgekehrte Schluß, wenn Patienten sich aufgrund solcher Erlebnisse in Vorstellungen von Berufung und Verpflichtung hineinverwickeln und sie auch nach dem Abklingen des seelischen Ausnahmezustandes weiterverfolgen. Eine religiöse Wahnentwicklung, die aus tiefen affektiven Bedürfnissen erwächst, ist mit Argumenten nicht zu stoppen.

Denen, die lediglich verunsichert darüber nachgrübeln, sollte hingegen mit dem Hinweis auf eine religionsgeschichtliche Tatsache geholfen werden: Echte religiöse Berufungen, die historische Wirkungen entfaltet haben, sind nicht unversehens über die Betroffenen hergefallen, sondern in einem willkürlich eingeleiteten und bewußt gestalteten inneren Prozeß entstanden.

Wer von einer „mystischen" Erfahrung überrascht wurde, darf und soll sich lieber wieder den Alltagsgeschäften zuwenden. Kenner der Materie, wie die spanischen Mystiker Teresa von Avila und Johannes vom Kreuz, warnen in ihren Schriften dringend vor der Versuchung, sich täuschen zu lassen und sich in unfruchtbarer Weise dem Leben zu entziehen. Sie hatten offenbar Erfahrung mit dem, was wir heute als Dämmerzustände oder Psychosen bezeichnen würden. Da es im 16. Jh. noch undenkbar war, derartiges als Krankheitszeichen zu erkennen, schrieben sie es einem lebensfeindlichen Prinzip, also dem Teufel zu. Aber sie hatten die Fähigkeit, das eine vom anderen zu unterscheiden.

„Spinnen"

Das verstörendste Merkmal vieler Psychosen und insbesondere der Schizophrenie ist der Wahn. Weil dieser psychiatrische Fachbegriff in der Alltagssprache eingebürgert ist und mit endloser Beliebigkeit verwendet wird, seien hier die phänomenologischen Kriterien wiedergegeben (nach Peters: *Wörterbuch der Psychiatrie u. med. Psychologie*):

1: Die wahnhafte Überzeugung wird mit einer subjektiven Gewißheit erlebt, welche die Gewißheit normaler Überzeugungen übertrifft.

2: Unbeeinflußbarkeit durch Erfahrung und durch zwingende Schlüsse (Widerspruch zur Evidenz).

3: Absolute Unkorrigierbarkeit auf dem Höhepunkt der Erkrankung. Später kann eine Distanzierung eintreten; der Wahn kann korrigiert werden oder unverändert bestehen bleiben (–> Residuärwahn) .

4: Entstehung aus krankhafter Ursache. Wahn kann nicht als Konstruktion angesehen werden, die einer sonst gesunden Persönlichkeit gleichsam aufgeklebt ist.

5: Zum Irrtum besteht ein Unterschied hinsichtlich der Ursachen (Krankheit) und der Konsequenzen. Ein Irrtum ist bei ausreichender Information korrigierbar, am Wahn wird trotzdem festgehalten.

6: Der Inhalt des Wahns wird innerhalb der soziokulturellen Gruppe des Betreffenden von niemandem oder fast niemandem (–> folie a deux) geteilt, sondern im Gegenteil als falsch beurteilt (Unterschied zu Aberglauben, gemeinschaftlichen Irrtümern).

Der Wahnkranke geht seinen Mitmenschen vorübergehend oder auf Dauer verloren, er läßt nicht mit sich reden, ist unerreichbar. Dieser Verlust ist das Kennzeichen einer schweren Krankheit.

Wenn der Wahn zu den Plussymptomen gezählt wird, so hat dies seine Berechtigung. Hier geht es zwar nicht darum, daß der Patient mit einem bestimmten Merkmal, wie Aktivität oder Erregbarkeit, über ein Durchschnittsniveau herausragt. Für Wahn, Halluzinationen und Gedankenausbreitung gibt es logischerweise kein Durchschnittsniveau. Trotzdem handelt es sich eindeutig um ein Plus, eine zusätzliche Fähigkeit, über die Gesunde nicht verfügen.

Wieder zeigen psychologische Experimente, welche besonderen Fähigkeiten Schizophrene tatsächlich haben. Wir erinnern uns, daß bei derartigen Versuchen Schizophrene mit ausgeprägten Wahnbildungen, wie die in Kap. 4 beschriebene Frau Müller, gemeinsam untersucht werden mit Kranken, bei denen Wahn keine oder nur eine unbedeutende Rolle spielt, wie Jürgen und Greta S.-T. Über differenzierte Untersuchungen der Untergruppen ist mir nichts bekannt.

Das übereinstimmende Ergebnis vieler ähnlicher Versuche lautet: Schizophrene haben originellere Einfälle als Gesunde. Wenn Gesunde gebeten werden, zu einem vorgegebenen Begriff schnell einen dazu passenden zweiten zu sagen, so kommt nach „Messer" meistens „Gabel". Schizophrenen fällt dazu „Zirkus" oder „Raubüberfall" ein. Die Leser können hier versuchen, sich schnell etwas zu „Tür" einfallen zu lassen, und werden merken, daß es gar nicht so leicht ist, auf etwas anderes als „Fenster" oder „Klinke" zu kommen.

Eine Patientin mit vordiagnostizierter Hebephrenie, die unter einer geringen Erhaltungsdosis ein aktives Leben führt und eher überschwängliche Gefühle zeigt, erzählte mir, wie sie ein hämmerndes Geräusch aus der Nachbarwohnung auf sich bezog. Sie verstand als Botschaft „Du bist der Hammer!" Tatsächlich schlägt sie sich ständig mit dem Gefühl herum, sie sei für ihre Umwelt eine Zumutung. Die Fähigkeit zu derartigen Assoziationen ist unverkennbar die Basis für Wortspielereien, Witze, Lyrik oder für die sprachliche Kreativität ganz allgemein.

Unter dem Druck bestimmter Affekte machen Wahnkranke von dieser Begabung in einer Weise Gebrauch, die mit dem umgangssprachlichen Ausdruck „Spinnen" gut gekennzeichnet scheint. Diese frauliche Tätigkeit, für die sich auch Schicksalsgöttinnen nicht zu schade sind, schafft aus einem gestaltlosen verworrenen Material einen schönen glatten Faden. Wir sind ständig damit beschäftigt, das Material unserer Sinneseindrücke, Erinnerungen, Gedanken und Gefühle zum Faden unseres bewußten Erlebens zu ordnen. Wenn wir mit uns und der Welt im Einklang sind, gelingt uns ein eher schlampiges Gebilde, dessen viele lose Enden uns mit den anderen Menschen verbinden. Der Wahnkranke hingegen steht unter Druck, greift mit seinem kreativen Talent die entlegensten Elemente auf und verzwirnt sie fest.

„Nachdem ich gesehen habe, mit welcher Geistesklarheit und logischen Folgerichtigkeit gewisse Verrückte (systematisch Delirierende) [dieser Ausdruck kennzeichnet Kranke mit festgefügtem, in sich logischen Wahn] vor sich und den übrigen Menschen ihre Wahnvorstellungen rechtfertigen, habe ich für immer die sichere Gewißheit der Geistesklarheit meiner Geistesklarheit verloren." (Fernando Pessoa, zitiert nach Emrich: *Psychiatrische Anthropologie*)

In der Anweisung zu einem neuen Beurteilungsbogen für die Verlaufsbeobachtung bei schizophrenen Patienten heißt es ausdrücklich:

„Wichtig ist jedoch, bei der Symptom-Beschreibung nicht zu detaillierte Angaben zu machen, z. Bsp. sollte man 'paranoide Wahnideen' anstelle von 'Patient hat

Angst davor, von Außerirdischen überwacht zu werden'
schreiben."

Damit ist der Gipfel des psychiatrischen Fortschrittes erreicht, der ja – wie wir immer wieder sehen – auf eine ständige Vereinfachung zustrebt.

Ein bewährtes und in vielen Therapiestudien eingesetz-
tes Beurteilungsinstrument ist die *Brief Psychiatric Rating
Scale* (= kurze psychiatrische Beurteilungsskala) BPRS.
Obwohl wahrlich schon einfach genug, fragt sie noch getrennt nach Größenideen, paranoiden Inhalten und ungewöhnlichen Denkinhalten. Wo soll der Untersucher sein
Kreuzchen machen, wenn er von einer souverän-gelasse-
nen Patientin erfährt, daß sie die international bedeutende
Agentin einer Umweltorganisation ist und deshalb ständig
von der Gen-Mafia observiert wird? Spricht die Überzeugung, von Außerirdischen entführt und operiert worden zu
sein, für eine Wahnkrankheit oder lediglich für die Zugehörigkeit zur Subkultur der UFO-Gläubigen?

Wenn Menschen mit derartigen Überzeugungen ihre
Miete nicht mehr zahlen oder in anderer Weise sozial auffallen, geraten sie über kurz oder lang an einen Psychiater,
der feststellen soll, ob sie krank sind, und falls ja, wie ihnen zu helfen ist. Wird er ihre Lebensweise als kreative
Leistung respektieren und sie in Freiheit ihrem Schicksal
überlassen? Oder wird er sie als schizophren diagnostizie-
ren, für Betreuung, Unterbringung und neuroleptische Behandlung sorgen? Beim gegenwärtigen Stand der psychiatrischen Wissenschaft läßt sich beides gut begründen. Das
Schicksal der Betroffenen hängt davon ab, an wen sie zufällig geraten, d. h., ob sie in Hamburg oder München auffallen.

Ältere Psychiater, über die der Fortschritt hinweg gegangen ist, interessierten sich sehr genau für die unter-

schiedlichen Wahngestaltungen und wie sie auf jeweils unterschiedliche Weise mit Halluzinationen, dem Gefühlsleben und der Alltagsbewältigung zusammenhingen. Leider erforderte dies ein sehr genaues Eingehen auf jeden einzelnen Patienten und wiederholte Untersuchungsgespräche. Die Beurteilung nach der BPRS soll hingegen in zwanzig Minuten erledigt sein.

Wie wir gesehen haben, liegen den schizophrenen Plussymptomen Fähigkeiten zugrunde, die menschliche Gemeinschaften keinesfalls entbehren können. Unbestechliche, sogar außerbewußte Wahrnehmung und Kreativität sind unverzichtbare Elemente von besonderen Leistungen. Von vielen berühmt gewordenen Künstlern ist bekannt, daß sie auf schmalem Grat an psychischer Krankheit entlang gewandert sind. Für künstlerisch berufene Menschen, die es nicht zu Weltrang bringen, gilt das Gleiche.

Ein auch für Psychiatrie-Laien lesenswertes Buch beschreibt die Krankheitsschicksale von van Gogh, Hölderlin und anderen und zeigt, daß Psychosen sich sowohl fördernd als auch zerstörend auf das künstlerische Schaffen auswirken können (Karl Leonhard: *Bedeutende Persönlichkeiten in ihren psychischen Krankheiten*).

Daß diese Gratwanderung nicht den frei gestaltenden Künstlern vorbehalten ist, enthüllt eine Einstein-Biographie. Obwohl dem Verfasser diese Absicht fern liegt, zeichnet er das Bild eines Menschen, der ohne seine herausragende Leistung bestenfalls als schwieriger Sonderling gegolten hätte. Auch der Philosoph L. Wittgenstein erlebte: „Du kannst jederzeit in Wahnsinn verfallen." Von ihm verschont zu bleiben, sich der fragilen, prekären sprachlichen Durchdringung des Lebens zu erfreuen, sei für ihn ein Geschenk gewesen.

Den eifrigen Psychiatern, die immer mal wieder ein Gen

bestimmen, auf dem „die Schizophrenie" sitzt, und die als echte Menschheitsbeglücker bereits allen Ernstes über Methoden zur gentechnischen Elimination dieser Krankheit spekulieren, sei eine Denkpause empfohlen. Ernsthafte Genetiker sind sich sehr bewußt, daß eine genetisch verankerte Krankheitsanlage gleichzeitig einen – meist noch unbekannten – evolutionären Vorteil bedeuten kann. Bekannt ist z. Bsp. das Gen für die Sichelzellanämie, das ihre Träger gegen Malaria immunisiert.

Denkstörungen

Gegenüber der Aufmerksamkeit, die Wahn, Halluzinationen und Ich-Störungen auf sich ziehen, geraten die schizophrenen Denkstörungen ins Hintertreffen. Sie sind keineswegs bei allen Kranken zu beobachten und selten so auffallend wie etwa abstruse Wortneuschöpfungen.

Mit Denkstörungen ist etwas anderes gemeint als der eigenwillige Sprachgebrauch, den manche psychotische Patienten pflegen. Wenn sie bestimmte, vor allem heikle Sachverhalte in symbolisch verschlüsselter Form beschreiben, gelingt es dem aufmerksamen Gesprächspartner mit der Zeit oft ganz gut, zu verstehen, worum es geht. Er kann sich auf die Privatsprache des Gegenübers einschwingen und sogar den Versuch machen, sie ebenfalls zu benützen. Ob dies gelingt, ist an den – oft erleichterten – Reaktionen des Patienten zu erkennen, dem es dadurch leichter fällt, in die gemeinsame Sprachwelt zurückzukehren.

Begegnet ist mir diese Möglichkeit überwiegend bei Menschen im Akutzustand einer schizoaffektiven Psychose, die typischerweise unter aller lärmenden Symptomatik für den Versuch einer ernst gemeinten Kontaktaufnahme zugänglich bleiben.

Eine völlig andere Erfahrung machte ich mit einem liebenswürdigen Mann im mittleren Alter, der in seinem Krankheitsverlauf seit früher Jugend schon alle Diagnosen gehabt hatte, die das schizophrene Spektrum hergibt; die letzte war Schizoaffektive Psychose, mithin eine deutliche Verbesserung gegenüber der zunächst angenommenen Hebephrenie.

Er war ausgesprochen vertrauensvoll zugewandt und hatte immer viel zu erzählen. So verbrachte ich viele Stunden mit dem Versuch, mich auf seine Privatsprache einzustellen. Um es kurz zu machen, es gelang einfach nicht. Seine Verschlüsselungen bedeuteten immer etwas anderes oder vielleicht gar nichts. Auch gelang es ihm fast nie, auf irgendeine Frage von persönlichem Belang sinngemäß einzugehen. Besonders erinnerlich ist mir sein Versuch, einen Film inhaltlich wiederzugeben, der ihn offenkundig emotional tief bewegt hatte.

Rückblickend denke ich, daß er mit all seiner Gefühlslebendigkeit eingesperrt war ins Gefängnis einer speziellen Denkstörung und daher nur ein reduziertes Leben führen konnte.

Wer sich dem Patienten in der Bemühung um Einfühlung in seine subjektive Welt zuwendet, kann diskrete Hinweise auf Denkstörungen leicht überhören. Auf dem Anrufbeantworter hörte ich von einem Patienten, der sehr kurzfristig einen Termin absagte: „Ich hoffe, das macht keine Hindernisse." Im direkten Gespräch wäre mir diese sprachliche Entgleisung vermutlich entgangen, weil ich automatisch den von ihm gemeinten treffenden Ausdruck des Wortfeldes, etwa „Ungelegenheit", eingesetzt hätte.

Psychiater, denen die Beziehung zum Patienten wichtig ist, haben eine Scheu vor der Überprüfung der Denkfunktionen. In der Ausbildung wurde uns beigebracht, Unterschiedsfragen (Kind/Zwerg, Treppe/Leiter) zu stellen. Aber der Erkenntniswert schien uns zu gering, gemessen am Risiko einer Bloßstellung, die wir den Patienten ersparen wollten.

Tatsächlich dürfte es jedoch der Mühe wert sein, genauer zu untersuchen, wo die Denkabläufe des Patienten verändert sind. Wer häufig Schwierigkeiten hat, aus einem Wortfeld den zutreffendsten Begriff zu gebrauchen, ist nämlich auf andere Weise beeinträchtigt als jemand, der wortreich einen Gedanken umkreist und nicht zum Punkt kommt.

Bei diesen Denkstörungen ist eine andere Seite, ein evolutionärer Vorteil nicht erkennbar. Sie scheinen nur eine Last zu sein, die den Betroffenen das Mithalten erschwert. Gerade deswegen müßten sie besonders genau erforscht werden in der Hoffnung, sie eines fernen Tages therapeutisch angehen zu können.

Ein weiteres gravierendes Merkmal der Schizophrenie sind die Affektstörungen. Damit ist gemeint, daß sich das Gefühlsleben und die emotionale Ausdrucksfähigkeit verändert. Das menschliche Miteinander wird dadurch schwerer beeinträchtigt als durch alle anderen Merkmale der Erkrankung.

Der oben beschriebene Patient konnte trotz seiner Denkstörung einen Bekanntenkreis pflegen. Zweifellos galt er als sonderbar, aber er konnte mitlachen, konnte mit den anderen über die Politiker schimpfen und sonstige Gefühle zum Ausdruck bringen.

Wie die vergleichende Verhaltensforschung gezeigt hat, ist das menschliche Ausdrucksverhalten angeboren und in allen Kulturen bemerkenswert ähnlich. Die Fähigkeit, innere Zustände auszudrücken und beim anderen zu erkennen, hat sich als Voraussetzung für geselliges Verhalten evolutionär entwickelt. Die sprachliche Verständigung als höchstes Entwicklungsmerkmal der Spezies Mensch wird vermutlich bei weitem überschätzt in ihrer Bedeutung für die Kommunikation; sehr viel mehr spielt sich nonverbal ab. Menschen, bei denen diese Ausdrucksfähigkeit vermindert oder verändert ist, verlieren ihre Beziehungsmöglichkeiten und sind völlig in sich eingesperrt.

Wird dies nicht als krankheitsbedingt erkannt, so kann der mürrisch gereizte Daueraffekt eines jugendlichen Hebephrenen als willentliche Provokation mißverstanden werden und zur Ausstoßung aus der Gemeinschaft führen. Die Erfassung dieses Krankheitszeichens ist also von höchster Bedeutung für das Schicksal eines Patienten.

Das Erkennen dieser Störung hat die intakte Beziehungsfähigkeit des Psychiaters zur Voraussetzung. Sie läßt sich nicht durch Fragen feststellen, sondern nur mittels der Eigenbeobachtung, die einem sagt, ob das gefühlsmäßige Mitschwingen in Ordnung ist.

Auch Fehleinschätzungen sind hier besonders leicht möglich, etwa wenn ein nicht mehr ganz altersgemäßes verlegenes Lachen oder der Ausdruck von Galgenhumor als schizophren veränderter Affekt interpretiert wird.

Überdies ist die krankheitsbedingte Affektverflachung oft nicht mit Sicherheit zu unterscheiden von den Veränderungen, die eine langfristige Einnahme von Neuroleptika hervorruft.

Wenn wir nun zu der Frage zurückkehren, welche Besonderheiten für die Diagnose Schizophrenie oder eine ihrer Unterformen beweisend sind, sehen wir, daß die Ausbeute an Erkenntnissen mager bleibt. Alles Mögliche kann vorkommen oder auch nicht. Vielleicht ist diese Diagnose von ähnlichem Wert wie die bekannte Bauernregel: Wenn der Hahn kräht auf dem Mist, ändert sich das Wetter oder bleibt, wie's ist.

Kapitel 6

Wer braucht und wer hat Krankheitseinsicht?

Das Thema Krankheitseinsicht scheint in der Psychiatrie keine große Bedeutung zu haben. Dies war beim Besuch einer medizinischen Fachbuchhandlung festzustellen. Die Suche nach diesem Begriff im Sachregister dicker und dünner Psychiatrielehrbücher ergab Fehlanzeige. Lediglich in einem deutschen und einem US-amerikanischen führte eine entsprechende Seitenangabe zu dem lapidaren Hinweis, daß die Krankheitseinsicht bei Schizophrenen oft schlecht ist. Auch ein psychoanalytisches Standardwerk (Benedetti: *Todeslandschaften der Seele*) läßt einen mit dieser Frage im Stich, hier vermutlich weil die Mitwirkung psychotischer Patienten bei dieser Behandlung deren Krankheitseinsicht voraussetzt. Selbst das nützliche *Wörterbuch der Psychiatrie und medizinischen Psychologie* führt dieses Stichwort nicht an.

In der Neurologie erhält das Phänomen der Anosognosie (A = nicht, Nosos = Krankheit, Gnosis = Erkenntnis) größere Aufmerksamkeit. Sind doch manche Patienten mit neurologischen Ausfällen, etwa nach Schlaganfall, unfähig, diese schweren Veränderungen bei sich wahrzunehmen.

Auch von Blinden ist bekannt, daß sie es fertig bringen, diese Tatsache nicht wahrzunehmen; für ihr Versagen bei

Sehtests machen sie die schlechte Beleuchtung verantwortlich und dergleichen. Sensationell wirken ebenfalls die immer wieder auftauchenden Berichte von Frauen, die bis zum Einsetzen der Wehen nichts von ihrer Schwangerschaft gemerkt haben.

Mit dem psychoanalytischen Begriff der Verdrängung ist hier nicht viel gewonnen, weil es nur ein anderes Wort für diesen Sachverhalt ist.

Warum sich gerade die Psychiater – seien sie eher medizinisch oder sozialpsychologisch orientiert – so wenig mit dem Thema Krankheitseinsicht befassen, erscheint rätselhaft, denn jeder, der je einen gewissen Einblick in dieses Fachgebiet gewonnen hat, weiß, daß dies der wundeste Punkt im psychiatrischen Alltag ist.

Begeben wir uns zur Veranschaulichung an einen derartigen wunden Punkt. Ärztin und Sozialarbeiterin der städtischen Beratungsstelle machen einen Hausbesuch bei einer alleinlebenden Frau in mittleren Jahren, vor der sich die Hausmitbewohner fürchten. Auch sind sie in ihrer Lebensqualität schwer beeinträchtigt, weil die vermutlich kranke Frau nachts in ihrer Wohnung oft anhaltend herumschreit und sonstigen Lärm macht. Zu sehen bekomme man sie selten; zuletzt schien sie abgemagert. Soweit die Meldung der Hausverwaltung an die Beratungsstelle.

Obwohl der Hausbesuch schriftlich angekündigt wurde, reagiert auf mehrfaches Klingeln niemand.

Überzeugt, daß sie zuhause ist – und pflichtbewußt wie wir sind –, lassen wir nicht gleich locker. Die Wohnanlage hat noch Briefschlitze an den Wohnungstüren. Durch diesen hindurch versuchen wir es mit Überzeugungsarbeit. „Frau Fischer, wir hatten uns doch bei Ihnen angemeldet!" – Von innen: nichts, außer schlurfenden Lauten, die uns die Anwesenheit der unfreiwilligen „Klientin" bestätigen. „Wir sollten dringend mal miteinander reden." – Ein unwilliger Laut und eine Tür wird zugeschmettert.

„Frau Fischer, wir wollen Ihnen doch nur helfen! Es scheint hier im Haus Probleme zu geben!" (Kein sozialpsychiatrisch Tätiger wird in dieser Situation das Wort Krankheit in den Mund nehmen) – Von innen: halblautes Schimpfen, das einen hohen Grad von Anspannung und Unwillen erkennen läßt. „Bitte machen Sie doch auf! Wenn wir uns nicht um Sie kümmern, könnte es passieren, daß Sie aus der Wohnung müssen." Jetzt wird es innen richtig laut, Stampfen, Schlagen gegen Gegenstände, schreiendes Schimpfen – und zuletzt reißt Frau F. tatsächlich die Wohnungstür auf und läßt zornbebend einen schimpfenden Wortschwall auf uns los. Sofort hat sie uns die Tür wieder vor der Nase zugeknallt.

Wer braucht hier Einsicht in was? Wer eine derartige Abfuhr erlebt, gerät unwillkürlich in eine verärgerte Gefühlsverfassung. Die natürlich menschliche Reaktion darauf wäre: „Dir werd ich's zeigen!" Psychiatrisch Tätige dürfen hier nicht spontan menschlich reagieren, sondern aus der Einsicht, daß sie es mit einem bedauernswerten schwer kranken Menschen zu tun haben. Außerdem brauchen sie Einsicht in die prinzipiellen Grenzen all ihrer wohlmeinenden Bemühungen. Letzteres ist leicht gesagt, aber Angehörige helfender Berufe müssen diese schmerzliche Einsicht immer wieder mühevoll erringen.

Frau Fischer, die blaß und geschwächt aussah, wird einige Zeit später gegen ihren Willen mit Gerichtsvollzieher und Polizeieinsatz in einen Krankenwagen gesetzt und in die Klinik gefahren. Dort fügt sie sich ins Unvermeidliche, wird nach einigen Wochen mit einer Depotmedikation entlassen, geht wieder einkaufen und grüßt wortkarg. Wenn eine freundliche Nachbarin ihr aufmunternd zuredet, wie schön es doch sei, daß es ihr jetzt wieder besser geht, wird Frau F. rein gar nichts damit anfangen können. Ihr ging es noch nie so schlecht wie jetzt, seit sie die Spritzen bekommt. Auch die Überwältigung bei der Zwangseinweisung hat sie als grauenhafte Demütigung in Erinnerung.

Das Personal in der Klinik fand trotz besten Bemühens zu Frau F. keinen Zugang, der ermöglicht hätte, über die vorausgegangenen Bedrohungen zu sprechen; sie wich aus oder verharmloste die Vorfälle. Daß ihr mal in der Nacht ein Stuhl umgefallen war, sei doch kein Grund, sie wie eine Verbrecherin abzuführen. Zunächst protestierte sie heftig, wenn von einer Krankheit bei ihr die Rede war; sie sei doch nicht verrückt, den Hausmeister solle man gefälligst einsperren! Auch nachdem unter der Wirkung der Medikamente ihr gereiztes Verhalten ausgeglichener geworden war und sie wesentlich gesünder wirkte, konnte sie an ihrer Stellungnahme zu dem, was sie durchgemacht hatte, kein bißchen ändern.

Wieder dürfen die psychiatrisch Tätigen *nicht* normal menschlich auf sie reagieren, denn das würde bedeuten, sich von einer Person abzuwenden, die so stur und uneinsichtig ist, daß sie nicht richtig mit sich reden läßt, die einen wohlwollend bemühten Mitmenschen kränkt, indem sie ihn einfach abblitzen läßt.

Die nachbetreuende Sozialarbeiterin wird sich bei den Hausbesuchen auf unverfängliche Themen beschränken, Frau F. zur Teilnahme an geselligen Aktivitäten anregen, sie vielleicht sogar einmal richtig lachen sehen – bis eines Tages die Wohnungstür doch wieder zu bleibt.

Diese etwas ausführlich geratene Fallskizze einer paranoid-halluzinatorisch Erkrankten im fortgeschrittenen Stadium wurde vorangestellt, um zu zeigen, welcher Einsichten und welcher Überwindung normalpsychologischer

Spontanreaktionen es bedarf, um einem psychisch schwer kranken Menschen die Betreuung zukommen zu lassen, die ihm das Verbleiben in der Wohnung ermöglicht. Ohne die Sozialarbeiterin und ohne die Depotspritze wäre der Weg in die Obdachlosigkeit vorgezeichnet.

Es dürfte überflüssig sein, darauf hinzuweisen, daß Menschen mit derartig schweren Krankheitsschicksalen gerade krankheitsbedingt keine echte Krankheitseinsicht erreichen können. Als Hilfsvorstellung eignet sich die Erfahrung, die fast jeder schon mit einem intensiven Traum gemacht hat. So unabweisbar wirklich wie die beschämenden oder bedrohlichen Erlebnisse während des Traums sind, müssen wir uns das Erleben in der Psychose vorstellen. Während der geplagte Träumer mit dem Aufwachen alles erleichtert abschüttelt, gelingt dies weniger schwer betroffenen Psychosekranken mit dem Abflauen des psychotischen Zustandes und manchen offenbar nie.

Letzteren bleibt die allen übrigen Menschen gemeinsame Wirklichkeit unzugänglich, sie sind dem inneren und äußeren Geschehen völlig ausgeliefert. Sie können lediglich reagieren, nicht aber ihre eigene Beteiligung am Geschehen erkennen. Wer auf seine Träume genau achtet, wird feststellen, daß auch hier die eigenen Handlungen dem Träumer zustoßen, daß er dem Traumgeschehen einschließlich der eigenen Tätigkeiten ausgeliefert ist. Leider hilft es nichts, einer wahnkranken Patientin zu erklären, daß sie auf Dauer in einem schlechten Traum lebt und „in Wirklichkeit" alles ganz anders ist. Sie wird sich damit genauso wenig ernst genommen fühlen wie mit anderen Fremdbeschreibungen.

Trotzdem lassen sich manche dieser Schwerkranken mit der Zeit darauf konditionieren, die Medikamente zu akzeptieren. Das geschieht einem wichtigen Menschen zuliebe.

Krankheitsuneinsichtige Mütter unterziehen sich den Kindern zuliebe der für sie unverständlichen Prozedur. Sozialarbeiter oder Psychiatrieschwestern versuchen zu Alleinstehenden eine freundlich-tolerante Beziehung aufzubauen in der Hoffnung, daß diese dann ihnen zuliebe bei der Behandlung mitmachen.

Vielfältig wie „die Schizophrenie" nun mal ist, gibt es auch ganz andere Patienten, mit denen sich Ärzte und Psychologen bevorzugt beschäftigen. Sie gleiten unter der Behandlung aus ihrer psychotischen Wirklichkeit wieder zurück, schütteln ihre wahnhaften Überzeugungen ab wie einen schlechten Traum, und einige können ihr verändertes Erleben rückblickend eindrucksvoll schildern, sofern sich jemand dieses Vertrauens würdig erweist. Selbst Psychosepatienten, die auch im Nachhinein nicht recht wissen und beschreiben können, wie ihnen geschah, können ein klares Bewußtsein dafür haben, daß sie sich in einem krankhaft veränderten Ausnahmezustand befunden haben. Manche haben die Psychose weniger als Alptraum, sondern eher als Herausforderung erlebt, doch möchten auch sie vermeiden, wieder in einen derartigen Strudel zu geraten. Wenigstens ihren Angehörigen wollen sie es ersparen, noch einmal Tage und Wochen voller Aufregung, Angst und Hilflosigkeit durchzumachen.

Deshalb akzeptieren sie schließlich auch die Notwendigkeit einer vorbeugenden Dauermedikation.

In psychoedukativen Gruppen können sie ihre vielleicht noch unsichere Compliance (engl.: Mitarbeit, Willfährigkeit, Gefügigkeit) festigen. Dort lernen sie einiges über Gehirnstoffwechsel, die Wirkung der Medikamente und über Stressbewältigung. Außerdem können sie sich über Nebenwirkungen und sonstige Sorgen aussprechen. Psychotherapeuten mit ganz unterschiedlichen methodischen Ansätzen arbeiten alle gerne mit diesen problembewußten Menschen, die die Voraussetzung zur Psychotherapie erfüllen, nämlich ihre Medikamente nehmen.

Natürlich sind nicht alle Psychoseerfahrenen so gefügig. Manchen widerstreben die Medikamente von Grund auf, manche können auf längere Sicht das gedämpfte Lebensgefühl nicht akzeptieren. Wenn sie auf eigene Faust oder mit ärztlicher Unterstützung die Medikamente absetzen, kann es längere Zeit gut gehen oder auch nicht.

Ob Menschen wie die geschilderte Frau Fischer und diese einsichtigen, behandlungsbereiten Psychosepatienten wirklich die gleiche Krankheit haben? Ob die Dauermedikation, durch die erstere vor einem noch schlimmeren Schicksal geschützt werden, auch für all die anderen unerläßlich ist? Da dieses Buch sich das Recht herausnimmt, Fragen zu stellen, sei dies mit Nachdruck gefragt.

Was, wenn es sich um völlig verschiedene Krankheiten handelt? Wenn es die Psychiater sind, denen es bisher an der Einsicht mangelt, daß Schizophrenie nicht gleich Schizophrenie ist?

Im Kapitel 3 sahen wir bereits, daß bei bestimmten Patienten die Diagnose *Schizophreniforme Störung* angebracht ist und daß die sichere Zuordnung zum Krankheitsbild der Schizophrenie nach wie vor umstritten ist. Die Diagnosemerkmale laut DSM sind erfüllt, wenn ein Krankheitsbild wie Schizophrenie aussieht, aber vom ersten Auftreten psychischer Veränderungen bis zur völligen Wiederherstellung weniger als sechs Monate vergangen sind. Dummerweise weicht hier das US-amerikanische Manual von der internationalen Klassifikation ICD ab. Um international mit der glimpflicheren Diagnose *Akute schizophreniforme psychotische Störung* davonzukommen, darf der ganze Verlauf höchstens einen Monat gedauert haben.

Die Krankheitseinsicht nach Abklingen der psychotischen Akutsymptome taucht in keinem Diagnoseverzeichnis als Kriterium auf. Darüber wundern sich psychiatrische Laien, weil dieses Merkmal geradezu ins Auge springt und genau hier die auffallenden Unterschiede unverkennbar sind.

Um dieses Merkmal auszuwerten, müßten Psychiater mit ihren Patienten allerdings immer wieder reden – im akuten Zustand, unter der Medikation und wieder im gebesserten Zustand. Dann müßten sie noch einschätzen, ob es beim Patienten zu einer Korrektur und Distanzierung vom krankhaften Erleben gekommen ist, und falls ja, wie tief diese geht. Redet er mit seinen Einsichten lediglich den Fachleuten nach dem Mund, klagt er über bestimmte Beschwerden, ohne das Ausmaß seiner psychischen Veränderung wahrnehmen zu können, findet er vordergründige psychologische Erklärungen oder kann er als Wieder-gesund-werdender mit seinem ganzen Wesen dazu Stellung nehmen, daß er krank war? Läßt sich das quantitativ erfassen? Hier scheint es kompliziert zu werden. Womöglich stellt sich noch heraus, daß dazu die Einfühlung, also das gefühlsmäßige Mitschwingen des Psychiaters unerläßlich ist. Wo bleibt dann die Objektivität?

Als objektiv darf nur ein sauberes quantitatives Fallbeilkriterium gelten: sechs Monate als Höchstdauer des Krankheitsschubes. Der Patient ist innerhalb weniger Tage akut psychotisch geworden – ein günstiges Merkmal –, aber erst nach fast einem dreiviertel Jahr war er wieder ganz frei und er selbst? Egal, wie emotional lebendig, einsichtig und distanziert er jetzt ist – schizophren bleibt schizophren.

Leute, die berufsmäßig viel mit Psychiatriepatienten zu tun haben, und erst recht die Angehörigen können sehr gut erkennen, ob jemand wieder auf dem Boden der gemeinsamen Wirklichkeit steht – wenn auch noch etwas wackelig –, ob er weiter seiner eigenen Welt verhaftet bleibt und daher im zwischenmenschlichen Austausch nicht erreichbar ist oder ob ihm seelische Kräfte verloren gegangen sind.

Ein Patient, der durch den Sturm einer Psychose gegangen ist und jetzt wieder ganz „da" ist, braucht eine völlig andere Unterstützung als ein schwerer Erkrankter, der unwiederbringliche Einbußen erlitten hat.

Solange die Psychiater diesen Unterschied nicht genügend würdigen und in ihren Therapieempfehlungen berücksichtigen, können psychiatrische Laien nur dazu ermutigt werden, ihrem Gefühl zu trauen. Natürlich kann jeder einer Gefühlstäuschung unterliegen, insbesondere wenn es um viel geht, wenn Wünsche, Hoffnungen und Ängste im Spiel sind. Die Einschätzung, ob ein Familienmitglied, Freund oder Klient eine eher gutartige Psychose durchgemacht hat oder schwerer erkrankt ist, sollte sich daher niemand ganz für sich allein zutrauen. Ein übereinstimmendes Gefühl bei mehreren Personen, die den Patienten vor der Erkrankung kannten, wird ein brauchbarer Anhaltspunkt sein.

Trotzdem bleibt einem Psychosepatienten und denen, die ihm nahestehen, viel Unsicherheit.

„Ist es gutartig oder müssen wir mit Schlimmem rechnen?" Diese bange Frage hören Ärzte aller Fachgebiete, und es gehört zu den wichtigsten ärztlichen Aufgaben, hierauf zu antworten.

Eine sichere Diagnose ermöglicht Aussagen zur Prognose, d. h. zum wahrscheinlichen Krankheitsverlauf.

Für die Bedürfnisse der Betroffenen, einschätzen zu können, wie es weitergeht, gibt die Diagnose *Schizophrenie* natürlich auch nichts her. Im ICD-10 heißt es dazu:

„Der Verlauf der schizophrenen Störungen kann entweder kontinuierlich episodisch mit zunehmender oder stabilen Defiziten sein, oder es können eine oder mehrere Episoden mit vollständiger oder unvollständiger Remission [= Zurückgehen der Krankheitserscheinungen] auftreten."

Das heißt: Jede überhaupt nur denkbare Verlaufsform ist bei der Schizophrenie möglich.

Wenn es nicht so ernst wäre, könnte wieder an die Bauernregel vom Hahn auf dem Mist erinnert und das Ganze zum Witz erklärt werden.

Dabei hatte Kraepelin mit seinen Diagnosen nichts anderes im Sinn, als die bange Frage zu beantworten: Wer darf mit Heilung rechnen – und sei der Akutzustand noch so schlimm –, und bei wem muß man sich auf einen wechselhaften oder schweren Krankheitsverlauf einstellen. Weil seine Bezeichnung für die schwereren Fälle auf deutsch so schrecklich „vorzeitige Verblödung" lautete und auch nicht genau zutraf, entwickelte Bleuler sein umfassenderes Konzept von Schizophrenie. Bereits er faßte günstige und tragisch verlaufende Fälle unter völlig anderen Gesichtspunkten als Einheit zusammen, und seither hat sich niemand mehr die Mühe gemacht, nach einer Antwort zu suchen auf die wichtigste Frage von Patienten und Angehörigen: „Wie schlimm steht es? Wie wird es weitergehen?"

Solange die unterschiedlichsten Beeinträchtigungen in den großen Topf Schizophrenie geworfen werden, gibt es natürlich auch keine Antwort auf andere Fragen, die das Leben nach einer Psychose schwer machen. „Kann er / sie nicht – oder will er / sie nicht?", auf diese Frage, die in Familien mit einem psychotischen Mitglied ständig gegenwärtig ist, müssen Psychiater meist passen.

Gerade hier ist dringend Hilfe nötig.

Eine junge Patientin war bis zum siebzehnten Lebensjahr liebenswürdig, hilfsbereit und voller Schwung. Nach mehreren Klinikaufenthalten kurz hintereinander reagiert sie pampig und schroff, will sich von ihren spießigen Eltern nichts mehr sagen lassen. Es wurde die Diagnose einer Manisch-Depressiven Erkrankung gestellt, eine entsprechende Verstimmung besteht jetzt aber nicht mehr. Machen die Eltern mit ihr eine schwierige Phase der Adoleszenz durch? Will sie sich abgrenzen und selbst behaupten? Sollen die Eltern ihr Grenzen setzen und sie Konsequenzen spüren lassen, wenn sie es gar zu arg treibt? Falls die Diagnose stimmt – eindeutig ja! Was aber, wenn die Krankheitsphasen der Beginn eines fortschreitenden Prozesses waren, durch den sie einen Verlust ihrer Gefühlskräfte und damit ihres sozialen Feingefühls erleidet?

Ein anderer junger Mann wurde krank, nachdem er die Aufnahmeprüfung für sein Wunschstudium nicht geschafft hatte. Die Eltern gehen schonend mit ihm um und möchten ihn verstehen. Doch in Familiengesprächen, wenn es um gemeinsame Regelungen geht – wer kriegt das Auto? und dergleichen –, bringt er die Mutter regelmäßig auf die Palme. Immer wieder drückt er sich um eine klare Antwort, dutzendmal muß man nachfragen, gerade als sei ihm alles gleichgültig, obwohl er sonst keineswegs diesen Eindruck macht. Will er sie ärgern oder kann er nicht? Die letztere Annahme sorgte für Entspannung. Der Patient konnte schließlich selber registrieren, daß er seine Gedanken zeitweise nicht gut steuern kann. Dann steigt er besser vorübergehend aus einer Diskussion aus. In der Familie kann er offen sagen, daß es gerade nicht geht. Für andere Situationen wird er Strategien entwickeln müssen, die ihm eine gewisse Auszeit verschaffen. Allerdings hat er keine Krankheits-Ausrede dafür, wenn er das Auto mit leerem Tank in der Garage abstellt; das ist reine Gedankenlosigkeit, wie sie in vielen Familien mit Heranwachsenden für Ärger sorgt.

Es dürfte sehr lohnend sein, nicht einfach von schizophrenen Minussymptomen zu reden und damit alles Mögliche zu meinen, sondern in jedem Einzelfall genau zu untersuchen, wo der Patient krankheitsbedingte Einbußen seiner psychischen Funktionen erlitten hat, und wie er und seine Umwelt damit am besten leben kann.

Halten wir also abschließend fest, daß sich vermutlich einige drängende Fragen im Zusammenhang mit Schizophrenie klären werden, sobald es den Psychiatern gelingt, Einsicht in die Bedeutung der Einsicht zu gewinnen.

Sobald schizophrene Menschen nach diesem grundlegenden Kriterium differenziert sind, werden sich in den Untergruppen voraussichtlich weitere praktisch bedeutsame Unterscheidungsmerkmale herausarbeiten lassen.

Kapitel 7

Wie wirkt Placebo? Und wem helfen Psychopharmaka?

Die Frage, wie Placebo wirkt, kann nur in den höchsten Tönen des Lobes beantwortet werden. Ausdrücke wie fantastisch oder unglaublich sind hier die einzig angemessenen. Der medizinisch-wissenschaftlich geschulte Verstand kann und will eben eigentlich nicht glauben, daß wirkstofffreie Scheinmedikamente oder sonstige Scheinbehandlungen zu Besserungsraten von mindestens 30% und bis zu 70% führen.

Bei der Frage, welches Wirkprinzip in der Placebobehandlung genutzt wird, ist die Forschung noch nicht sehr weit gekommen. Mit der Erklärung, Placeboeffekte beruhten auf Suggestion, ist nichts gewonnen, denn sofort erhebt sich die Frage nach dem Wirkprinzip der Suggestion.

Der lerntheoretische Ansatz sagt, daß bei einem Menschen, der jemals ein wirksames „richtiges" Medikament eingenommen hat, ein Lerneffekt eintritt, der beim nächsten Mal die Besserung auch ohne Wirkstoff herbeiführt.

Biologische Untersuchungen fanden einen Anstieg der körpereigenen Opiate nach Placebogabe.

Bei der Erforschung, auf welche Weise Placeboeffekte zustande kommen, steht die Medizin sich möglicherweise selber im Weg. Vielleicht will man es lieber gar nicht so genau wissen, mit welch wirklich fantastischen Selbstheilungsmöglichkeiten der Mensch ausgestattet ist, die lediglich den Rahmen einer Arzt-Patient-Beziehung und das Signal einer Placeboanwendung brauchen, um wirksam zu werden.

Die weitere Frage ist, ob aufgeklärte Menschen als potentielle Patienten das so genau wissen wollen.

„Andere mögen ja nur mit Placebo gesund werden, aber wenn mir etwas fehlt, dann brauche ich schon etwas Richtiges."

Hartnäckig halten sich die längst widerlegten Vorstellungen, Placebo wirke nur bei eingebildeten Krankheiten oder nur, wenn der Patient daran glaubt. Die Anwendung von Placebo gilt als typisch für Quacksalber und Scharlatane; kein ehrlicher Mediziner würde so etwas machen und kein vernünftiger Patient auf so etwas hereinfallen.

Damit wird die eigentlich so faszinierende Placebowirkung zu einem heißen Eisen der medizin-ethischen Diskussion, das niemand gern anfaßt.

Das hochangesehene englische Medizinjournal *Lancet*, begründet noch in der Zeit, als Aderlassen mittels einer Lanzette eine der wenigen ärztlichen Handlungsmöglichkeiten war, befaßte sich 1994 mit dem Thema Placebo und kam zu dem Schluß:

„Hoffnung ist ein wesentliches Grundelement der Medizin. Sie hilft über alle möglichen therapeutischen Irrtümer hinweg, und vertreten wird sie am besten durch einen optimistischen Arzt. Hoffnung ist der Zauberstab des Scharlatans, aber auch zugleich unser eigener."

Das Eingeständnis, daß der Mediziner nicht nur mit Geräten arbeitet, sondern auch mit einem Zauberstab, ist bemerkenswert, aber in guter alter Medizinermanier überschätzt es den Beitrag des aktiven Mediziners – oder

Scharlatans – gegenüber dem des definitionsgemäß passiven Patienten.

Kein Arzt muß einem Patienten Hoffnung machen; er hat sie schon, wenn auch vergraben unter Sorgen und Schmerz, denn andernfalls käme er gar nicht in Behandlung. Der „Zauberstab" Hoffnung ist in der Hand des Patienten, und der Arzt muß ihn lediglich darauf hinweisen und ihm vielleicht zunächst die Benutzung erklären.

Vom Arzt andererseits muß mehr verlangt werden als ein optimistisches Naturell und hoffnungsfrohes Abrakadabra. Er muß erkennen können, welche Krankheit vorliegt (Diagnose) und welcher Spontanverlauf zu erwarten ist (Prognose). Der Volksmund weiß, daß ein Schnupfen, also eine viral bedingte Rhinitis, nach sieben Tagen von selbst vorbei ist, wenn man nichts tut, hingegen eine Woche dauert, wenn man ihn nach allen Regeln der Volksheilkunst behandelt.

Etwas ernstere oder nur lästige langwierigere Gesundheitsstörungen mit zuverlässiger Selbstheilungstendenz sind der Tummelplatz für Scharlatane aller Ausbildungsgänge. Bei reversiblem Haarausfall lassen sich alle möglichen Wundermittel mit eindrucksvollen „Vorher-Nachher"-Fotos anpreisen. Auch die Pubertätsakne dauert ihre Zeit, und manche der betroffenen Teenager brauchen währenddessen Unterstützung. Die wesentliche Hilfe besteht darin, ihnen ihre alterstypische Angst zu nehmen, daß sie lebenslang so „entstellt" herumlaufen müßten. Viele kosmetische Maßnahmen, mit denen man ihnen das Taschengeld abknöpft, führen eher zu einer Verschlechterung.

Wenn Ärzte und Patienten sachlich über Selbstheilungsvorgänge und Placeboeffekte aufgeklärt wären, könnte es zu enormen Einsparungen im Gesundheitssektor kommen.

Arzt: "Sie wissen ja, daß Sie in ein paar Tagen von selbst wieder gesund sein werden. Schonen Sie sich jetzt, und als kleine Unterstützung nehmen Sie diese blau-rot marmorierten Tabletten!" Patient: "Vielen Dank, Doktor! Beim letzten Mal haben mir die gelben Dragees sehr gut getan, obwohl ich sie vermutlich gar nicht gebraucht hätte."

Die hier erwähnten Selbstheilungs-Starter hätten niedrige Herstellungskosten, obwohl auf die optische Gestaltung einiger Forschungsaufwand verwendet werden müßte. Daß die Farbe des Medikaments eine direkte psychophysiologische Wirkung hat, ist bekannt und wird gezielt genutzt. Mittel, von denen eine anregende Wirkung erwartet wird, müssen gelb, orange oder rot sein, beruhigende hingegen blau oder grün. Rote und schwarze Tabletten werden als stark, weiße hingegen als schwach eingeschätzt (Ergebnisse einer holländischen Studie, zitiert nach *extracta psychiatrica*, Heft 7/8, 1997).

Daß neben der Farbe auch der Verkaufspreis eine psychophysiologische Wirkung hat, habe ich noch nirgends belegt gefunden, die allgemeine Lebenserfahrung läßt es aber erwarten. Wir sehen, daß es mit den Einsparungen wohl doch keine so einfache Sache ist, wenn es um das sogenannte höchste Gut Gesundheit geht. Zwar gelten auch Vernunft und Aufgeklärtheit als hohe Güter, aber im Rennen um die Spitzenplätze fallen sie gegenüber Geld und Gesundheit weit zurück.

Einstweilen hat die pharmazeutische Industrie dank ihrer Werbeabteilungen vermutlich noch auf lange Sicht einen prägenden Einfluß auf das Bewußtsein von Ärzten und Patienten, und sie propagiert für jeglichen Anwendungsbereich spezifische biologisch aktive Medikamente.

Deshalb werden Ärzte auch sonst gesunden jungen Grippekranken weiterhin teure Antibiotika verschreiben, obwohl sie im Studium gelernt haben, daß diese bei Virusinfekten sinnlos sind.

Deshalb werden wir weiterhin Medikamente mit eindeutig gesicherter Wirkung haben neben solchen, deren angezielte Hauptwirkung mit großem Werbeaufwand behauptet wird. Die sonstigen Wirkungen stehen im Kleingedruckten.

Die Überzeugungsarbeit, sprich: Werbung der Pharmaindustrie, richtet sich in erster Linie an die Ärzte.

Für einen Placeboeffekt, also dafür daß die Selbstheilungsmechanismen greifen, ist nämlich nicht nur die hoffnungsvolle Erwartung des Patienten verantwortlich, sondern in gleich starkem Maße die Überzeugung des Arztes von seiner Behandlung.

Systemisch betrachtet gehören zu einem Heilungsvorgang mindestens vier Elemente:

– der Kranke,

– der Arzt oder sonstige Heiler,

– Genesungswunsch und Hoffnung des Kranken,

– Überzeugung des Heilers, etwas Wirksames zu tun.

Diese allgemeine Beschreibung gilt für alle Zeiten und Kulturen. Der augenfällige Unterschied zwischen dem Vorgehen eines *witch-doctors* in Zentralafrika und dem eines wissenschaftlich ausgebildeten Arztes in Europa darf nicht über die fundamentale Gemeinsamkeit hinwegtäuschen, daß beide von der Zweckmäßigkeit ihres Tuns überzeugt sein müssen, damit das gewünschte Ergebnis eintritt.

Anders als ein traditioneller Heiler bezieht der moderne westliche Mediziner die Kraft seiner Überzeugung nicht aus der Ehrfurcht vor alten Überlieferungen. Damit haben die Ärzte der Aufklärung am Ende des 18. Jahrhunderts gründlich Schluß gemacht. Seither braucht er einsichtige, nachvollziehbare Gründe im Rahmen seines naturwissenschaftlich geprägten Verständnisses von Gesundheit und Krankheit. Wenn ein Krankheitserreger unter Laborbedingungen auf ein Antibiotikum empfindlich ist, darf der Arzt erwarten, daß dieses Medikament auch dem Kranken bei der Überwindung seiner Infektion hilft. Er hat sich ja von dieser Ursache-Wirkungs-Beziehung überzeugt.

In jüngerer Zeit war dies sehr schön an der Erfolgsgeschichte des Johanniskrautextraktes als Mittel gegen Depressionen zu beobachten. In der volksheilkundlichen Überlieferung hatte diese Pflanze schon immer den Ruf, seelische Verstimmungen aufzuhellen. Fragte früher ein Patient seinen Psychiater, ob er gegen seine mittelschwere Depression nicht ebensogut Johanniskraut nehmen könnte wie „Chemie", so erntete er herablassenden Spott. Kleine, naturheilkundlich engagierte Firmen sorgten trotzdem über Jahrzehnte dafür, daß *extractum hyperici* in standardisierter Dosierung zur Einnahme als Dragée zur Verfügung stand.

Als Laboruntersuchungen gezeigt hatten, daß der Wirkstoff die Wiederaufnahme von Serotonin und geringfügig von Noradrenalin hemmt, wendete sich das Blatt vollständig. Da dies die Laborwirkung aller gegen Depressionen eingesetzten „chemischen" Medikamente ist, waren die Psychiater jetzt überzeugt und verordnen es seither bereitwillig. Manche Patienten hören von ihnen sogar, es sei homöopathisch, was ernüchternd zeigt, daß selbst Mediziner vom Wesen der Homöopathie keine Ahnung haben.

Alle großen Pharmafirmen stürzten sich auf diesen nicht patentierbaren Naturstoff und überbieten sich seither mit Werbekampagnen. Das sonnige Pflänzchen mit dem Heiligennamen, oder was im Labor davon genutzt wird, arbeitet sich in wissenschaftlichen Veröffentlichungen tapfer nach oben. Galt es zunächst nur bei leichten bis mittleren Depressionsgraden als angezeigt, so behauptet es sich jetzt auch schon bei schwereren Fällen gegen Placebo und „Chemie".

Die psychophysiologische Wirkung des Verkaufspreises wird bei einem Naturpräparat, das keine Entwicklungskosten verursacht hat, in Grenzen bleiben. Daher möchte der Arzt für Depressive etwas neu entwickeltes zur Verfügung haben, das auch richtiges Geld kosten darf. Eine neue Generation von Antidepressiva erfüllt diese Bedingungen. Sie sind zwar in Vergleichsstudien nicht wirksamer als die seit den fünfziger Jahren bewährten, aber ungiftiger bei einer Überdosierung in suizidaler Absicht, was zweifellos für sie spricht.

Immer wieder müssen sich die Vermarkter und Verschreiber von Antidepressiva über berufsmäßige Skeptiker ärgern, die sich fragen, ob es so etwas wie eine antidepressive Wirkung überhaupt gibt. Genügt es nicht, eine beruhigende, dämpfende und schlaffördernde Wirkung anzunehmen, die im Verein mit den lästigen Nebenwirkungen, wie Mundtrockenheit, Sehstörungen usw. dem Patienten signalisiert, daß etwas mit ihm geschieht? Dadurch wird das beim Depressiven vom Erlöschen bedrohte Hoffnungsfünkchen angefächelt, damit die Suizidgefahr vermindert und sein Leben erträglicher gemacht, bis die depressive Phase von selbst wieder abklingt.

Eine schwere Depression dürfte die schlimmste Krankheit sein, die einen Menschen treffen kann.

Entsprechend groß ist das Engagement von forschenden und praktisch tätigen Psychiatern, hier wirksame Medikamente zur Verfügung zu haben. Depressionen, die grundlos hereinbrechen – wenn man von unbewußten Gründen absieht, die sich immer konstruieren lassen – haben eine biologische Verankerung. Deshalb wurden sie als endogene Depression früher unterschieden von ähnlichen Bildern, die als Reaktion auf ein schreckliches Ereignis auftreten oder Folge einer seelischen Fehlentwicklung sind. Unter der neuen Diagnosekategorie *Major Depression* wird dieser Unterschied verwischt. Gerade die wirklich endogenen Depressionen haben aber zumindest für die einzelne Phase eine gute Prognose. Nach einem Verlauf von drei bis neun, durchschnittlich sechs Monaten klingen sie so grundlos ab, wie sie gekommen sind. Obwohl die Betroffenen für keinerlei Zuspruch zu erreichen sind, ist das Wissen um die zu erwartende Spontanheilung die stärkste Stütze, an die Arzt und Angehörige sich in der schlimmen Zeit halten können.

Den Arzt schützt dieses Wissen ferner davor, die Wiederaufhellung der Stimmung naiv irgendeiner Behandlung zuzuschreiben, die er zuletzt versucht hatte. Wenn verschiedene Therapieversuche monatelang erfolglos waren, dann steht der zuletzt aufgesuchte Wunderheiler natürlich gut da oder das zuletzt gegebene Antidepressivum gilt als besonders wirksam.

Auch therapeutische Maßnahmen, deren physiologische Wirkungsweise gesichert ist, dürften dank eines hohen Placeboanteils wirken. Ein bestimmter Menschentyp neigt bei Aufregung zu beschleunigtem Atmen (Hyperventilation); die vermehrte Sauerstoffzufuhr führt über eine Veränderung der Blutchemie zu Mißempfindungen, die wiederum die Angst erhöhen. Diese Patienten lernen, den sich anbahnenden Teufelskreis zu unterbrechen, indem sie in eine Plastiktüte atmen, also weniger Sauerstoff aufnehmen.

Wer diesen Vorgang beobachtet, wird sich oft wundern, wie prompt der Effekt einer Beruhigung und Entspannung eintritt, schneller als die Veränderung der zurückgeatmeten Luft überhaupt wirksam sein kann. Entscheidend ist offenbar das psychologische Moment, daß etwas zweifellos Sinnvolles geschieht.

„Daß etwas geschieht", lateinisch „ut aliquid fiat", ist auch das Motto von Ärzten, wenn sie ratlos sind und aus psychologischen Gründen eine Behandlung ansetzen, von der sie sich selber nichts versprechen. Daß diese Maßnahmen selten viel nützen, verwundert nicht, fehlt hier doch das für Heileffekte unerläßliche Element, daß der Arzt davon überzeugt sein muß.

Die pharmazeutische Industrie tut also sehr gut daran, die Überzeugung der Ärzte von der gesicherten Wirkung ihrer Medikamente immer wieder aufzufrischen. Neben ihren Werbeseiten, die sich der gleichen psychologischen Prinzipien bedienen wie Werbung überhaupt, wendet sie sich auch an das wissenschaftliche Selbstverständnis. Sie belegt die Überlegenheit des angepriesenen Präparates über Placebo oder vergleichbare Medikamente durch Studien, deren Ergebnisse sich auf einen Blick mit Balkengrafiken erfassen lassen. Überflüssig zu sagen, daß das angepriesene Mittel die Vergleichsmittel und erst recht Placebo deutlich überragt.

Ein biologisch aktiver Wirkstoff, von dem man sich aufgrund gewisser Überlegungen eine Wirkung auf bestimmte Körperfunktionen verspricht, muß nach der Methode der doppelblinden, placebo-kontrollierten Versuchsanordnung den Beweis antreten. Dabei erhalten Patienten in genügender Zahl mit möglichst ähnlichen Beschwerden nach dem Zufallsprinzip verteilt entweder das aktive Medikament (Verum) oder das genauso aussehende und genauso dosierte Scheinpräparat (Placebo). Wenn das Medikament den Test bestehen will, müssen die damit behandelten Patienten eine deutlich höhere Besserungsrate aufweisen als die Placebogruppe.

Natürlich dürfen während des laufenden Versuchs weder die Patienten noch Ärzte oder sonst jemand wissen, welcher Patient was erhält; daher die Bezeichnung *doppelblind*. Logischerweise eignet sich diese Versuchsanordnung nur für den Wirkungsnachweis biologisch aktiver Substanzen, die sich in einer Placeboversion verabreichen lassen. Bei der Aromatherapie wird es bereits schwierig und völlig unmöglich für andere physiologisch wirksame Verfahren, vom Wirkungsnachweis für Psychotherapie ganz zu schweigen.

Sorgfältig durchgeführte doppelblinde placebokontrollierte Therapiestudien sind zweifellos das schärfste Erkenntnisinstrument der klinisch-pharmakologischen Forschung.

Eine vorbildliche doppelblinde Placebostudie wurde von klassischen Homöopathen durchgeführt und 1997 veröffentlicht. Obwohl seit 1865 bekannt ist, daß in den von ihnen angewandten Hochpotenzen kein einziges Molekül der Ausgangssubstanz enthalten sein kann, waren sie aufgrund ihrer Behandlungserfolge immer überzeugt, daß die berühmten Zuckerkügelchen eine arzneiliche Wirkung haben müssen, für die derzeit noch die wissenschaftliche Erklärung fehlt.

So unternahmen sie an 95 Patienten die *Münchner Kopfschmerzstudie*. Um bei dem als sicher erwarteten Erfolg allen Verdächtigungen den Boden zu entziehen, wurde die Verblindung auf ungewöhnlich sorgfältige Art durchgeführt. Die Patienten erhielten die Gabe, Verum oder Placebo, nicht etwa in der Praxis verabreicht. Stattdessen sandten die Homöopathen das wirksame Mittel an einen Notar in einer anderen Stadt. Dieser schickte es per Post an den Patienten weiter, wenn dieser der Verumgruppe zugeteilt war, oder tauschte es gegen unarzneiliche Zuckerkügelchen aus, wenn er zur Placebogruppe gehörte. Während des laufenden Versuchs sahen die Homöopathen genügend Behandlungserfolge, um der Auswertung zuversichtlich entgegenzusehen.

Tatsächlich aber verteilten sich die erfolgreichen Behandlungsverläufe gleichmäßig auf die Verum- und die Placebogruppe.

Für die wissenschaftliche Welt bot dieses Ergebnis keinerlei Überraschung. Die Homöopathen müssen allerdings von lieb gewordenen Überzeugungen Abschied nehmen. Warum sie die Methode trotzdem mit den üblichen Erfolgen weiter praktizieren, steht auf einem anderen Blatt, das nicht in dieses Buch gehört.

Hier ist auf eine eher unspektakuläre Besonderheit der Kopfschmerzstudie hinzuweisen. Die Besserungsrate allgemein blieb mit ca. 25% deutlich unter dem Niveau, das bei allen anderen Kopfschmerzmitteln bereits die Placebogruppe erreicht, nämlich 30–40%. Wirkt Homöopathie demnach nicht nur wie Placebo, sondern sogar deutlich schlechter? Diese Schlußfolgerung wäre so einfältig wie vieles, was Homöopathen und ihre Gegner meinen. Tatsächlich ist darin das Ergebnis der konsequent durchgeführten Verblindung zu sehen – und damit stellt sich natürlich die Frage, wie sicher diese in sonstigen Placebostudien durchgeführt wird.

Hier soll kurz auf die besondere Anforderung hingewiesen werden, die bei der Durchführung eines verblindeten Therapieversuchs an die unmittelbar ausführenden Ärzte und Ärztinnen gestellt wird.

Sie müssen in dieser Situation ein neutrales Forschungsinteresse aufbringen, das ihr menschlich-ärztliches Interesse an den betreuten Patienten eindeutig überwiegt. Ob sie das immer schaffen? Gerade Ärzte, die mit einem neuen Medikament Hoffnungen auf einen echten Fortschritt für ihre Patienten verbinden, werden leicht in Versuchung kommen, sich an der Verblindung vorbeizumogeln. Vielleicht auch nur bei dem einen Patienten, der einen einzigen

Patientin, wo Leidensdruck, Mitgefühl und Hoffnung besonders groß sind. Wo ein Wille ist, da ist ein Weg zum Knacken des Verblindungscodes.

Daß dieses Versagen vor den Ansprüchen eines objektivierenden Forschungsethos milder zu beurteilen ist als andere wissenschaftliche Fälschungen, liegt auf der Hand. Die pharmazeutische Industrie läßt es sich daher einiges kosten, die hier nur störende patientenorientierte Haltung der ausführenden Ärzte finanziell abzulösen zugunsten einer gewissenhaften Mitwirkung an der Studie. Stattliche Fallpauschalen erhöhen ihre Loyalitätsbindung an den Auftraggeber, während der hilfesuchende Patient – auch bei formal korrekter Aufklärung – üblicherweise nicht damit rechnet, daß er für seinen Arzt nebenbei ein Versuchsobjekt ist.

Sollte eine neue Medizinergeneration tatsächlich nicht mehr anfällig sein für derart simpel-menschlich-ärztliches Fehlverhalten, dann sind immer noch die Schwestern und Pfleger da, die am Ergehen ihrer Patienten anteilnehmend interessiert sind und in Einzelfällen sicher neugierig, wer was bekommt.

Fazit: In Placebostudien muß ein Notar den Patienten das zu untersuchende Medikament höchstpersönlich verabreichen oder daneben stehen bleiben, bis es injiziert ist. Die Ergebnisse anders durchgeführter Placebostudien dürfen mit skeptischer Gelassenheit zur Kenntnis genommen werden.

Hoffentlich wurde mit diesen Ausführungen kein medikamentengläubiger Psychiater so verunsichert, daß seine Überzeugung einknickt, die doch für den Behandlungserfolg unerlässlich ist. Ein Blick in die nächste, von der Pharmaindustrie gesponserte Fachzeitschrift wird ihn wieder aufbauen.

Noch aufbauender ist allerdings auf längere Sicht eine gründliche Beschäftigung mit Spontanverläufen und Selbstheilungsprozessen.

Wem nützen Psychopharmaka?

Beschränken wir uns hier auf die wichtigsten Medikamente der Psychiatrie, die zugleich aus Patientensicht die umstrittensten sind, auf die Neuroleptika. Der berühmteste Vertreter dieser Medikamentenklasse ist Haloperidol, an dem alle später entwickelten gemessen werden.

Wer die Wirkung am eigenen Leibe, etwa in Form einer Injektion, erfahren mußte, wird kaum bezweifeln, daß es sich um ein stark und schnell wirkendes Mittel handelt. Meines Wissens empfindet niemand den Effekt als angenehm. Von vielen Patienten hörte ich, daß sie sich dadurch wie mit einem rabiaten Ruck aus ihrem intensiven psychotischen Erleben herausgestoßen fühlten in ein graues Nichts.

Freunde und Verwandte erkennen ihre Angehörigen schon wenige Tage nach der Klinikaufnahme kaum wieder. Statt des energiegeladenen, aufgeregten und aufgewühlten Menschen, der sich durch unberechenbare Aktionen in Gefahr brachte, kommt ihnen nun eine lahme, ausdruckslose Gestalt entgegengeschlurft. Sofort regt sich Mitleid und die bange Frage: „War es richtig, ihn (oder sie) hierher zu bringen? Muß das so sein? Wissen die Ärzte, was sie tun?"

Ärzte, die wissen, was sie tun, wissen, daß Neuroleptika keine Heilmittel sind. Daß sie lediglich die Affekte dämpfen und das gesamte psychisch-energetische Niveau mindern. Angst, Gereiztheit oder ekstatische Verzückung eines psychotischen Zustands werden genauso wirksam unterdrückt wie die ganz normale Freude, wenn man im Krankenhaus Besuch bekommt. Etwas Besseres ist leider noch nicht erfunden, weil das Wissen um die biologischen Vorgänge bei den verschiedenartigen Psychosen noch in den allerersten Anfängen steckt.

Vor dieser Erfindung, die auf einem Zufall beruhte, wurden akut psychotische Menschen auf riskante Weise mit Schlafmitteln u. ä. gedämpft und durch mechanische Zwangsmittel ruhig gestellt. Gewalt und Geschrei prägten das Bild psychiatrischer Aufnahmestationen.

Dank der Neuroleptika können die Kranken viel schneller und sicherer wieder zu sich kommen. Die sozusagen über alle Ufer getretenen Affekte werden eingedämmt, dadurch kommt das Denken wieder in geordnete Bahnen, Halluzinationen und Wahnideen verlieren an Kraft, und der Mensch gewinnt allmählich die Kontrolle über sein Handeln zurück. Wird dem Patienten und seinen Besuchern dies als medizinische Notmaßnahme erklärt, die – wie praktisch alle ärztlichen Eingriffe – ihre unangenehmen Seiten hat, so kann es meistens doch akzeptiert werden.

Die Kunst der Behandlung mit Neuroleptika besteht darin, so viel wie nötig und so wenig wie möglich zu geben und sie auszuschleichen, wenn keine psychotischen Symptome mehr bestehen, die durch Medikamente gebessert werden können.

Dazu gehört allerdings die Fähigkeit, das eine vom andern zu unterscheiden. Die älteren unter meinen Kollegen in Haar, die das Aufkommen der Neuroleptika begeistert begrüßt hatten, merkten nach einigen Jahren sehr genau, daß diese Medikamente nicht allen halluzinierenden Wahnkranken zur Symptomfreiheit verhalfen. Ihre Patienten auf den Langzeitstationen waren dadurch nur lahmer, verloren ihre originelle Individualität, wurden aber keineswegs so geordnet oder aktiv, daß an eine Entlassung zu denken gewesen wäre.

Im Zuge der Auflösung der Großkrankenhäuser gerieten die Langzeitpatienten dann aus dem Blick der Psychiater, indem sie in Pflegeheimen verschwanden. Die ärztlichen Erfahrungen aus der Vor-Neuroleptika-Ära konnten nicht mehr genutzt werden, um differenziert festzustellen, bei welchen chronisch Kranken sich welche schizophrenen Symptome medikamentös bessern lassen, und bei welchen Patienten die Medikation lediglich zu einer nutzlosen Energieminderung führt.

Jüngere Psychiater haben nur noch gelernt, daß Neuroleptika gegen den Wahn und die Halluzinationen der Schizophrenie wirksam sein sollen, und versuchen mit Megadosierungen einen therapeutischen Effekt zu erzwingen. So erlebte ich eine Patientin, die zwei mittelstarke Neuroleptika jeweils in Höchstdosis nahm und ein drittes stärkeres dazu. Trotzdem war sie unverändert von Halluzinationen gequält. In einer Spezialklinik für psychiatrische Differentialdiagnostik wurde die Natur ihres Leidens erkannt und die Dosis auf das Minimum reduziert, das sie zum Schutz vor Verstimmungen braucht.

Niemand, der die geringste Ahnung von Psychiatrie hat, wird sich die Zeiten zurückwünschen, bevor es Neuroleptika gab. Diese in gewissen Situationen und für gewisse Patienten unverzichtbaren Medikamente sind jedoch durch ihre wahllose Anwendung zu einem äußerst zweifelhaften Segen geworden. Es ist inzwischen kein Geheimnis mehr, daß die pharmazeutische Industrie die psychiatrische Forschung beherrscht. Mancherorts sind die psychiatrischen Lehrstuhlinhaber kaum noch von hochrangigen Arzneimittelvertretern zu unterscheiden. Von oben nach unten sind daher so schnell keine kritischen Differenzierungen zu erwarten.

Bleibt also die Hoffnung, daß von unten nach oben etwas in Bewegung gerät, indem Patienten, Angehörige und

Fachleute aus dem Behandlungsalltag ihre eigenen Beobachtungen ernst nehmen. Im Interesse der Patienten müssen Zweifel an statistisch ermittelten, also vermeintlich wissenschaftlichen Behandlungsrichtlinien erlaubt sein.

Ein bedeutsamer psychopharmakologischer Fortschritt war in den siebziger Jahren das atypische Neuroleptikum Leponex (internationaler Freiname: Clozapin). Die damit gleich bei der Aufnahme behandelten Patienten erlebten einen sanfteren Ausstieg aus der Psychose und wurden nicht durch Muskelstarre, Krämpfe und Zittern gequält. Wegen gefährlicher Wirkungen auf die Blutbildung verschwand es nach kurzem vom Markt, wurde aber unter strengen Auflagen wieder eingeführt für die Patienten, bei denen die konventionellen Neuroleptika wegen der Nebenwirkungen auf den Bewegungsapparat nicht vertretbar waren.

Daß diese Nebenwirkungen für den antipsychotischen Effekt unverzichtbar seien – wie einige Psychiater vermutet hatten –, war damit immerhin widerlegt. Sie wurden seither auch nicht mehr so auf die leichte Schulter genommen wie in den ersten Neuroleptika-Jahren.

Die Pharmaforschung konzentriert sich nunmehr auf die Entwicklung neuer atypischer Neuroleptika, die anders in den Gehirnstoffwechsel eingreifen sollen als die altbekannten vom Typ Haloperidol. Die entsprechenden Untersuchungen werden an Rattenhirnen gemacht, wobei davon ausgegangen wird, daß die Biologie menschlicher Gehirne ähnlich genug ist.

Tatsächlich stehen Ratten, diese intelligenten, anpassungsfähigen Nager mit ihrem hochentwickelten Sozialverhalten, den Menschen im Stammbaum der Evolution sicher näher, als letztere sich gern eingestehen. Trotzdem sind auf dem winzigen letzten Stück der evolutionären Entwicklung zum Menschen genau die entscheidenden biologischen

Merkmale hinzugetreten, die bei schizophrenen Psychosen in erster Linie betroffen sind.

Deshalb ist bis auf weiteres von neu entwickelten Neuroleptika nicht mehr zu erwarten als eine unspezifische affektive Dämpfung, die ja – wie wir sahen – in bestimmten Fällen durchaus ihren therapeutischen Sinn hat. Alle darüber hinausgehenden Behauptungen sind leicht durchschaubare Werbelyrik.

In der Praxis hat sich noch keines der vollmundig angepriesenen atypischen Neuroleptika besser bewährt als das alte Leponex. Jedes hat sein Profil unerwünschter Wirkungen. Gemeinsam ist ihnen der erstaunlich hohe Preis, der sich durch die Entwicklungskosten nicht begründen läßt. Vermutlich soll dem allgemeinpsychologischen Vorurteil Rechnung getragen werden, daß man sich etwas Gutes auch einiges kosten lassen muß. Vielleicht sehen wir hier aber auch die List der Vernunft am Werk, denn die hohen Kosten einer Langzeitbehandlung werden Druck machen, um die Frage zu klären, welche schizophrenen Patienten davon wirklich profitieren. Schätzungsweise bei jedem Dritten ist sie in der derzeit propagierten Form völlig überflüssig. Diese Patienten tragen bei Neuentwicklungen das Risiko noch unbekannter seltener Nebenwirkungen, ohne irgendeinen Nutzen davon zu haben.

Für die schwerer betroffenen Schizophrenen werden sich gezielte medikamentöse Behandlungsstrategien erst dann entwickeln lassen, wenn die verschiedenen Erscheinungsbilder als Krankheitseinheiten definiert und getrennt erforscht werden. Für Psychiater, die an der Biologie des Menschen und an den Erkrankungen seiner besonderen mentalen Funktionen interessiert sind, wird es genug zu tun geben.

Kapitel 8

Wie werden Psychiater am zweckmäßigsten behandelt?

Mal ehrlich – haben Sie das Buch gleich bei diesem Kapitel aufgeschlagen? Suchen Sie nach Empfehlungen, wie Sie sich gegen die Behauptungen und die Verordnungen eines Psychiaters oder einer Psychiaterin wehren können? Dann werden Sie hier wahrscheinlich enttäuscht. Sofern Sie auf einer Klinikstation, in einem Heim oder einer Wohngemeinschaft sind, halten Sie sich am besten an Ihre Mitpatienten oder Mitbewohner. Die kennen Tips und Tricks, von denen Psychiater keine Ahnung haben.

Hier geht es darum, die psychiatrische Behandlung als ein Geschehen mit zwei Hauptpersonen zu verstehen. Die Arzt-Patient-Beziehung beruht auf Gegenseitigkeit, in einem sehr viel stärkeren Maße als die Beziehung zwischen Kunde und Kassiererin oder zwischen Verkehrsteilnehmer und dem Polizisten, der den Kreuzungsverkehr regelt.

Für gegenseitige menschliche Beziehungen gilt das gute alte Sprichwort "Wie man in den Wald hineinruft, so schallt es zurück." Die Beziehung zwischen einem Psychiater und einem Psychosekranken enthält unvermeidlicherweise einiges an Konfliktpotential, deshalb dürfte es auch auf Seiten des Patienten sinnvoll sein, nicht völlig spontan und unüberlegt hineinzustolpern.

Wenn Sie von Anfang an bis hierher gelesen haben, wissen Sie bereits, daß ein Psychiater kein Arzt wie alle anderen ist. Sein Gebiet sind die Krankheiten der menschlichen Seele. Und was ist die Seele? Das griechische Wort Psyche hat ursprünglich die Bedeutung Windhauch, also etwas gänzlich unfaßbares.

Andere Ärzte haben es mit körperlichen Veränderungen zu tun, die durch immer genauere technische und Laboruntersuchungen erfaßt werden können. Sie blicken mitleidig oder verächtlich auf ihre "windigen" Kollegen herab, die mit nichts dergleichen aufwarten können.

Das oft beklagte schlechte Ansehen der Psychiatriepatienten in der Öffentlichkeit wird meist einseitig auf deren Unverstehbarkeit, Unberechenbarkeit usw. zurückgeführt. Genauere sozialpsychologische Untersuchungen haben ergeben, daß auch der schlechte Ruf der Psychiatrie und der Psychiater auf die Patienten abfärbt. Ihre Hilflosigkeit ist schließlich nicht zu übersehen. Während alle sonstigen Mediziner ihre Patienten medikamentös behandeln, lautet der typische Sprachgebrauch, daß Psychiater ihre Patienten "mit Medikamenten vollstopfen."

Trotzdem kann keine Rede davon sein, daß Psychiater mit ihren Patienten im gleichen Boot sitzen, so daß sich alle zur gemeinsamen Selbstbemitleidung in den Schmollwinkel zurückziehen dürfen.

Psychiater sind Angehörige der medizinischen Profession und stehen der Öffentlichkeit gegenüber in der Pflicht. Sie sollen mit der wissenschaftlichen Methodik der Medizin dafür sorgen, daß die Leiden seelisch Kranker erkannt, erforscht und behandelt werden.

Die mit Schizophrenie bezeichneten Störungen sind die einzigen exklusiv menschlichen Krankheiten, da sie sich an exklusiv menschlichen Fähigkeiten bemerkbar machen, der Sprach- und Denkfähigkeit. Für Forschungen zu Angst, Aggression oder Depression und selbst zu Zwängen können vergleichbare Erscheinungen bei höheren Tieren herangezogen werden. Für die Erforschung der Schizophrenie ist das logischerweise prinzipiell nicht möglich.

Das medizinische Fachgebiet, das sich mit den menschlichsten Krankheiten befaßt, sollte erwartungsgemäß besonders schwierig sein. Haben Psychiater hier doch als einziges Instrumentarium die Fähigkeit zu genauer Beobachtung, einschließlich Selbstbeobachtung und exakter Beschreibung zur Verfügung. Mehr als von jedem anderen Arzt ist für den Psychiater gefordert, daß er anteilnehmend dem jeweils einzigartigen Kranken begegnet und gleichzeitig objektivierend die wiedererkennbaren Merkmale seines psychopathologischen Befundes erfaßt.

Ein guter Internist wird sich zunächst aufmerksam die geklagten Beschwerden anhören, um den psychischen Hintergrund zu kennen und sich dann – vielleicht mit gewisser Erleichterung – den objektivierenden Fragen, dem Labor und der Technik zuwenden.

Der Psychiater hat es wesentlich schwerer, weil er in der Untersuchungssituation ständig gleichzeitig menschlich zugewandt und distanziert sein muß – aber warum hat er sich auch dieses schwere Fach ausgesucht?

Wenden wir uns nun den Motivationen zu, aus denen jemand Psychiater wird, so darf zunächst angenommen werden, daß er Medizin studiert hat, um auf wissenschaftlicher Grundlage Menschen zu helfen und um einen angesehenen Beruf auszuüben. Obwohl die Patienten mündiger und kritischer geworden sind, hat sich nichts daran geändert, daß der Arztberuf bei entsprechenden Umfragen die Spitzenposition behauptet. (Auf welchem Platz die Psychiater bei gezielter Befragung landen würden, muß offen bleiben.)

Das Bündel psychiatriespezifischer Motivationen enthält – ohne Anspruch auf Vollständigkeit –
– eigene Betroffenheit von seelischen Kümmernissen,
– Faszination an "der dunklen Welt des Wahnsinns",
– Machtausübung.
Wie wir sehen werden, ist jede dieser Motivationen zweischneidig. Sie kann in eine Haltung zum Wohl der Patienten eingehen oder sich verselbständigen zu deren Nachteil.
Nur nachteilig ist die folgende, die nicht immer und überall ausgeschlossen werden kann:
– geistige Bequemlichkeit.
Beschäftigen wir uns mit letzterer Möglichkeit zuerst, weil sie wohl eher selten ist. Es wäre denkbar, daß ein Mediziner auf die Überschaubarkeit derzeitiger Diagnoseverzeichnisse hereingefallen ist und Psychiatrie für ein einfaches Fach gehalten hat. Wenn er sich dann auch noch unter Psychotherapie vorstellt, daß man dabei – mangels wissenschaftlicher Überprüfbarkeit – einfach irgendetwas machen kann, dann hat er subjektiv einen einfachen Job. Das Erkennungsmerkmal ist eine selbstzufriedene Genügsamkeit, mit der er sich auf vermeintlich gesichertes Wissen und seine therapeutische Methode beschränkt. Solange er nur Patienten hat, deren Problematik keine besondere Herausforderung darstellt, kann er gute Arbeit leisten. Mit kritischen Patienten oder Angehörigen tut er sich verständlicherweise schwer; diese tun ihm den größten Gefallen, wenn sie den Arzt wechseln.
Das Motiv der eigenen Betroffenheit erscheint in der volkstümlichen Vorstellung, daß jeder Psychiater eine Makke hat. Auch der objektivere Befund der Selbstmordstatistik spricht dafür. Ärzte haben insgesamt ein überdurchschnittliches Suizidrisiko, und nach Fachrichtungen ausgezählt führen unter diesen wiederum die Psychiater. Die Proble-

matik der helfenden Berufe – Stichworte "hilflose Helfer" und "burn out" – ist ein Tabuthema und wird erst langsam unter Medizinern zugelassen. In der psychiatrischen Fachpresse taucht es noch nicht auf. In persönlichen Gesprächen stehen viele Psychiater freimütig dazu, den Beruf auch aus Interesse an den eigenen psychischen Problemen gewählt zu haben. Anderen erscheint dieser Gedanke geradezu unvorstellbar. Nur selten ist eine mittlere Position des Für-möglich-haltens anzutreffen.

Das Bewußtsein eigener Betroffenheit schafft eine gute Basis für einen respektvollen, partnerschaftlichen Umgang mit den Patienten. Dieser kann aber ebensogut auf anderer Grundlage erwachsen. Schwierig wird es, wenn der Psychiater aus Mit-Betroffenheit das unvermeidliche Gefälle in der Arzt-Patienten-Beziehung ignoriert und sich wie ein gleichrangiger Verbündeter des Patienten gibt. Für autoritätsgeschädigte Patienten ist dies eine große Verführung. Wenn es aber ernst wird, erleben sie unweigerlich, wer oben und wer unten steht.

Die Faszination des Wahns dürfte unerlässliche Voraussetzung sein, wenn jemand Psychiater wird.

Geschichtlich taucht das Interesse an den dunklen Abgründen der Seele ausgeprägt erst in der romantischen Epoche auf, als Korrektiv zum Vernunftglauben der vorausgegangenen Aufklärung.

Es verbindet sich mit der Aufmerksamkeit für Träume, Mythen und Märchen und kann sich eines unerschöpflichen Materials bedienen aus Anthropologie, Kultur- und Religionsgeschichte usw. Nahtlos ist der Übergang zu elementaren philosophischen Fragen, etwa "Wie wirklich ist die Wirklichkeit?"

Je breiter Interesse und Kenntnisse des Psychiaters auf diesen Gebieten sind, desto mehr Freude wird er an seinem

Beruf haben und desto besser werden sich Psychosepatienten mit ihren ungewöhnlichen Erfahrungen bei ihm aufgehoben fühlen.

Es ist aber anzumerken, daß dieses Interesse sich vorwiegend auf die farbigen eindrucksvollen Aspekte von Psychosen bezieht, die als produktive oder Plussymptome bezeichnet werden.

Die bevorzugten Patienten werden kommunikationsfähige Menschen sein, die im Rückblick anschaulich ihre Erlebnisse berichten können. Damit tritt eine Beschränkung auf die offensichtlich leichter erkrankten, psychotherapiefähigen Psychoseerfahrenen ein.

Die Faszination mancher Psychiater ging soweit, daß sie diese Patienten als Überbringer höherer Wahrheiten sahen, die dazu beitragen sollten, das Bewußtsein der Menschheit insgesamt zu erweitern.

„Vielleicht werden wir lernen, sogenannte Schizophrene anzuerkennen, die zu uns zurückgekehrt sind, und sie vielleicht nach Jahren nicht weniger zu achten als die oft nicht weniger verlorenen Renaissance-Forscher. Wenn die menschliche Rasse überlebt, werden in der Zukunft vermutlich Menschen auf unser aufgeklärtes Zeitalter zurückblicken wie auf eine Epoche der Dunkelheit. ... Sie werden erkennen, daß die von uns so genannte 'Schizophrenie' eine der Arten war, wie oft durch ganz gewöhnliche Leute das Licht durch Risse unserer allzu geschlossenen Gehirne zu brechen begann." So Ronald D. Laing 1967 in *Phänomenologie der Erfahrung.*
Erst die Betroffenen selbst haben unmißverständlich auf ihre leidvolle Belastung durch unfreiwillige Bewußtseinserweiterungen hingewiesen. Auch ein gutartiger Verlauf, bei dem sich der Mensch von jeweils kurzfristigen Ausnahmezuständen immer wieder erholt, durchbricht die Biografie

und raubt die Möglichkeit zu einer Lebensplanung, wie sie Gesunden selbstverständlich ist. Wenn manche daraus trotzdem etwas für sich machen können, indem sie dem Geschehen einen Sinn geben, ist es dennoch nach ihren Aussagen keineswegs erstrebenswert.

Wer Psychosen mit psychedelischen Erfahrungen verwechselt, wird auch die Bewußtseinsveränderungen, die Gesunde experimentell unter LSD und ähnlichen psychotomimetischen (d. h. eine Psychose nachmachenden) Substanzen erleben, allen Ernstes für einen Forschungszugang zur Schizophrenie halten. Nach den siebziger Jahren waren derartige Experimente wegen des allgemeinen Drogentabus verpönt, sind aber jetzt wieder im Kommen. Den freiwilligen Versuchspersonen ist alles Gute zu wünschen; sie werden damit aber lediglich das Wissen über exogene, d. h. unter Einfluß bestimmter Substanzen auftretende Psychosen erweitern können.

Wenig ergiebig für die vom Wahn faszinierten Psychiater sind die offenkundig Kranken aus dem Stachus-Untergeschoß und anderen Obdachlosenszenen, die sich negativistisch abwenden, Wortsalat von sich geben oder wild auf einen losschimpfen. Sie sind nach jeder derzeitig anerkannten Diagnostik schizophren, und die Schwere gerade ihres Krankheitsschicksals sollte die zentrale Herausforderung für die Psychiatrie sein.

Zum Thema Macht und Psychiatrie ist schon viel geschrieben worden, weil es der heikelste Punkt der Arzt-Patient-Beziehung ist. Das Machtgefälle zwischen dem leidenden Kranken und dem aus Wissen handelnden Arzt besteht überall in der Medizin und ist unvermeidlich. Aufgeklärte, kritische, mündige Bürger wundern sich immer noch und immer wieder, wie schnell sie beispielsweise beim Orthopäden eine Injektionsnadel im Gesäß haben, ohne daß er sie lange gefragt, geschweige denn ordnungsgemäß aufgeklärt hätte. Bei selbstkritischer Beobachtung wundern sie sich vor allem über sich selber, warum ihr Protest nicht deutlicher ausfällt. Hier wird erkennbar, daß auch ein selbstbewußter, energischer Mensch als *Patient* plötzlich das wird, was das Wort im Lateinischen bedeutet: ein *geduldig Leidender*, der nur froh ist, wenn die Ischiasschmerzen nach der Spritze schnell erträglicher werden.

Die Hauptlast eines korrekten, von der Medizinethik geforderten Verhaltens liegt damit bei den Ärzten, und es ist zu beobachten, daß sie sich zunehmend dieser Aufgabe stellen. Daß mündige Bürger als potentielle Patienten diese Entwicklung energisch eingeklagt haben, ändert nichts am prinzipiellen Gefälle in der Behandlungssituation. Wenn die Selbstbestimmung des Patienten jetzt wesentlich genauer beachtet wird als noch vor einem Jahrzehnt, ist das ein Ergebnis der beiderseitigen Bemühungen.

Zwischen der sonstigen Medizin und der Psychiatrie klafft hier ein Abgrund. Nur Psychiater können einem Patienten sein Selbstbestimmungsrecht absprechen, wenn sie überzeugt sind, er sei nicht in der Lage, dies im eigenen wohlverstandenen Interesse auszuüben. Andere Mediziner müssen einen uneinsichtigen Patienten seinem Schicksal überlassen. Lediglich uneinsichtigen Eltern kann in schweren Konfliktfällen das Bestimmungsrecht über ein krankes Kind vom Gericht abgesprochen werden.

Bei den in der Psychiatrie alltäglichen Konflikten können Außenstehende leicht vermuten, daß Psychiater besonders machtbesessen sind und sich womöglich deshalb für dieses Fach entschieden haben. Völlig auszuschließen ist das in Einzelfällen natürlich nicht. Bedeutsamer ist aber, daß Psychiater von Berufs wegen ständig den Konflikt aushalten müssen zwischen dem Selbstbestimmungsrecht des

Patienten und dem gesellschaftlichen Auftrag, daß nichts Schlimmes – etwa ein Suizid – passieren darf.

Auch der psychiatrische Patient ist in einer sehr viel schwierigeren Lage als der lediglich vom Ischias geplagte. Gutgemeinte Ermutigungen, sich gegen die Psychiater zu wehren, werden der Wirklichkeit nicht gerecht. Auf welcher seelischen Basis soll sich ein akut verstörter, verunsicherter Mensch "wehren", oder wie soll jemand das fertigbringen, der vom Wesen her überängstlich und überangepaßt ist?

Empfehlenswert für alle Psychiatriepatienten ist es, sich in ruhigen Zeiten genau über ihre Rechte zu informieren. Die vermeintliche Willkür der Psychiater ist nämlich eng begrenzt durch gesetzliche Vorschriften. Das heißt: Jemand, der eventuell wieder einmal mit der Psychiatrie zu tun bekommt, muß sich mit der trockenen Materie der entsprechenden Gesetze vertraut machen. In guten Zeiten beschäftigt sich natürlich jeder lieber mit ganz anderen Dingen. In einer Gruppe Psychiatrieerfahrener werden auch die rechtlichen Themen immer wieder zur Sprache kommen; schon deshalb ist es sehr ratsam, hier mitzumachen.

Zu diesem Thema ist das Buch *Zwang* von R. Winzen zu empfehlen (siehe Literaturverzeichnis).

In den sehr viel häufigeren "weichen" Konfliktfällen, wo es beispielsweise um die Höhe der Medikamentendosis geht, sollte den Patienten bewußt sein, was die Entscheidungen und Verordnungen von Psychiatern beeinflussen kann. Sie möchten das Beste für ihre Patienten und fühlen sich als Versager, wenn es nach der Dosisreduktion oder gar nach dem Absetzen zu einer ungünstigen Entwicklung kommt. Deshalb dosieren viele lieber zu hoch und zu lang.

Massive Pharma-Werbung und von Lehrstuhlinhabern verkündete Behandlungsrichtlinien können einen ängstlichen, übergewissenhaften Psychiater so unter Druck setzen, daß er die nachteiligen Folgen für den einzelnen Patienten aus dem Blick verliert. Natürlich wird er seine Entscheidungen nicht mit der eigenen Angst und der Sorge um seinen guten Ruf begründen, sondern sich hinter der Autorität wissenschaftlich gesicherter Erkenntnisse verschanzen.

Patienten können versuchen, diesem Psychiatertyp zu einer etwas besseren "Patienten-Compliance" zu verhelfen, indem sie immer wieder genau nachfragen, wozu sie die Medikamente noch brauchen. Mit statistischen Angaben brauchen sie sich nicht zufrieden zu geben, sondern sie müssen betonen, daß es hier ja um ihren einzelnen individuellen Fall geht. Wenn der Psychiater erkennt, daß sie gemeinsam mit den für sie wichtigen Menschen sorgfältig die jeweiligen Risiken abgewogen haben, wird es ihm leichter fallen, auf ihre besondere Situation einzugehen.

Zur Frage, wie Psychiater am zweckmäßigsten zu behandeln sind, ist abschließend zu sagen: Sehen Sie einen prinzipiell wohlwollenden Menschen in ihm, der wie jeder Mensch Fehler machen kann. Wenn er Ihnen versichern kann, daß Sie nicht als Fall in eine Pharma-Studie einbezogen werden, können Sie seiner ungeteilten ärztlichen Zuwendung sicher sein.

Überdies haben die vorausgegangenen Kapitel hoffentlich verdeutlicht, daß auch wohlwollende und engagierte Psychiater beim derzeitigen Stand der psychiatrischen Wissenschaft mit vielen Fragen im Stich gelassen werden. Wenn Sie diese Unsicherheiten verstärken, freundlich aber bestimmt auf Ihren Fragen bestehen und dabei den wissenschaftlich orientierten Mediziner in ihm ansprechen, wird vielleicht auch ein ganz normaler niedergelassener Psychiater bei "denen da oben" im Elfenbeinturm der Wissenschaft nachfragen, wie er mit den ganzen Ungereimtheiten der derzeitigen psychiatrischen Lehre seine Patienten individuell angemessen behandeln soll.

Wer, wenn nicht die unmittelbar betroffenen Patienten und ihre mitbetroffenen Nächsten, wird wieder schöpferische Unruhe in die psychiatrische Forschung und Praxis bringen?

Kapitel 9

Was und wer hilft
Psychosekranken?

Zuletzt soll es um die naheliegenden Hilfsmöglichkeiten
für Menschen mit endogenen Psychosen gehen.

Dabei sei zuerst an etwas erinnert, das so selbstverständlich ist, daß es nie besonders erwähnt wird: Glück, günstige Umstände, gerade recht kommende Zufälle, Schicksal
oder – für die daran Glaubenden – Fügungen einer höheren
Macht.

Egal wie es genannt werden mag – in Gesundheit und
Krankheit spielt dieses Element des Unverfügbaren immer
seine Rolle. Das fängt schon mit der schlichten Tatsache
an, daß Menschen mit verschiedenen Anlagen auf die Welt
kommen. Erst recht macht es sich bemerkbar bei den Krankheiten der Psychiatrie, die den Menschen in seinem unmittelbaren menschlichen Wesen betreffen. Wer an sich selber
Ängste, Depression, Zwänge, Entfremdungsgefühle, Umtriebigkeit kennt, aber lediglich in einer Spielbreite, die ihm
seine Freiheit läßt, hat schlicht und einfach Glück gehabt.
Es ist kein Verdienst, gesund zu sein, selbst wenn die Lebensführung dazu einen gewissen Beitrag leistet; genauso
wenig ist Krankheit persönliches Versagen.

Bekanntlich ist diese Sichtweise eine relativ neue Errungenschaft der abendländischen Geistesgeschichte. Noch nicht sehr lange überwunden ist die Vorstellung, körperliche und seelische Leiden seien Konsequenzen einer individuellen Verfehlung, etwa Tabu-Verletzung in animistischen Kulturen, Sünde in den Hochreligionen oder Onanie seit der Zeit der Aufklärung.

Auch gelten die Betroffenen nicht mehr als irgendwelchen übernatürlichen Mächten ausgeliefert, sondern als Kranke, denen mit fortschreitender wissenschaftlicher Erkenntnis immer besser geholfen werden kann.

Doch gerade der Impuls, die Grenzen der Erkenntnis und des Machbaren immer weiter hinaus zu schieben, kann gefährlich werden, wenn die Begrenzung durch das Unverfügbare außer Acht bleibt.

Wieviel Zufälliges besonders in den Lebensläufen psychisch Kranker eine Rolle spielt, wurde offensichtlich, nachdem sozialpsychiatrische Untersuchungen gezeigt hatten, daß beispielsweise Zwangseinweisungen keineswegs mit dem Schweregrad der Symptomatik zusammenhängen, sondern in viel höherem Maße mit sozialen Bedingungen.

Denken wir an den bei Psychosen häufig auftauchenden Antrieb, Gegenstände aus dem Fenster zu befördern, vielleicht weil sie im Weg stehen oder bedrohen oder weil ein Zeichen gesetzt werden soll. Bei gleichem Verhalten macht es für die Konsequenzen den entscheidenden Unterschied aus, ob sich unter dem Fenster der Bürgersteig und parkende Autos befinden oder der eigene Vorgarten. Oder: Ein verstörter Mensch wirkt unmittelbar bedrohlich, wenn er eine andere Hautfarbe hat und eine fremde Sprache spricht. Diese instinktive Furchtreaktion in einer unüberschaubaren Situation taucht auch bei Leuten auf, denen eine prinzipielle Ablehnung von Fremden fern liegt. Falls aber zufällig ein Landsmann auftaucht, der die sprachliche Verbindung zur Umwelt herstellt, hat der Betroffene Glück im Unglück.

Das Beste, was psychiatrisch Tätige für ihre Arbeit erhoffen können, ist, daß sie für die ihnen anvertrauten oder ausgelieferten Patienten jeweils einen glücklichen Zufall darstellen.

Daß kranke Menschen in erster Linie Ärzte brauchen, ist überall eine Selbstverständlichkeit außer in der Psychiatrie. Das dürfte mit dem notorisch schlechten Ruf der Psychiater und dem jammervollen Stand der psychiatrischen Wissenschaft zusammenhängen. Daher stört sich niemand daran – am allerwenigsten die Kostenträger – daß chronisch Schizophrene in ihren ländlich abgelegenen Heimen kaum fachärztliche Betreuung erfahren. Die Medikamente bei Bedarf zu erhöhen, ist eine Kunst, die jeder Zivildienstleistende nach zwei Monaten beherrscht, und sicherheitshalber wird die Dosis dann beibehalten.

Mittlerweile ist nicht mehr zu übersehen, daß die Enthospitalisierung, ein zentrales Anliegen der sozialpsychiatrischen Reformbewegung, auf Kosten der besonders schwer und chronisch Kranken ging. Sind die fortschrittlichen Sozialpsychiater etwa zu den nützlichen Idioten sozialstaatlicher Sparzwänge geworden?

Es wäre einiger Überlegungen wert, welcher Denkfehler uns unterlaufen ist, als wir biologische und medizinische Fragestellungen in der Psychiatrie zusammen mit dem Krankheitsbegriff und den weißen Kitteln leichthin über Bord warfen.

Wenn ein Mensch, dessen Lebensentfaltung behindert wird durch Wahn, Halluzinationen und Rückzug, nicht als Kranker gesehen wird, was ist er dann? Die Antwort war schnell gefunden: er ist ein Opfer. Wo ein Opfer ist, da ist ein Täter, und der Retter wird nicht lange ausbleiben. Die Täterliste nannte an erster Stelle natürlich die Eltern, dann die Gesellschaft und nicht zuletzt die „medizinisch bornierten" Psychiater vom Schlage Kraepelins mit ihren chemischen Keulen.

Waren psychisch Kranke in früheren Zeiten als Täter, also selbst schuld an ihrem Zustand gesehen worden, so wurden sie nunmehr als Opfer gerettet.

Als die Retter ohne Medikamente nicht allzuviel ausrichteten, einigte man sich kleinlaut auf eine multifaktorielle Entstehung psychischer „Störungen" und kam zu der ausgewogenen Erkenntnis, daß alle Beteiligten sowohl Täter wie Opfer sind. Seitdem sitzen psychiatrische Fachleute, Patienten und Angehörige friedlich vereint in Psychoseseminaren, für die das Wortungetüm „Trialog" geprägt wurde, und spüren dem Rätsel Schizophrenie nach. Alle meinen es ehrlich und gut miteinander, bloß die Schizophrenie verharrt in unzugänglicher Rätselhaftigkeit.

Am meisten Glück hätte ein psychisch Kranker, wenn er an einen Facharzt gerät, der sich nicht lange aufhält mit der moralischen Frage nach Täter oder Opfer, sondern der feststellen kann, welche Form der Schizophrenie vorliegt und was der Kranke und seine Mitmenschen brauchen. Niemand braucht vom Arzt nur Medikamente. Dem Kranken seinen Zustand, soweit es geht, zu erklären, ihn zu trösten, zu ermutigen und zu beraten gehörte immer zum Wesen ärztlichen Handelns.

Und wie steht es mit den Menschen, die psychisch Kranken durch Familienzugehörigkeit oder wichtige Lebensbeziehungen verbunden sind? Sie sind in aller Regel schon allein dadurch ein Glück für die Betroffenen, daß es sie gibt. Zugehörigkeit ist die Basis der Gesundheit. Das war schon immer zu vermuten und bestätigt sich durch Untersuchungen über die unterschiedlich gute Infektabwehr von sozial eingebundenen im Vergleich zu isoliert lebenden Versuchspersonen.

Auf der Suche nach Ursachen für die Schizophrenie war man bekanntlich bei Defiziten im mütterlichen Verhalten und bei bestimmten familiären Kommunikationsstilen fündig geworden.

Die Grausamkeit, mit der den Müttern von jungen Schizophrenen ihr besorgt-verstörtes Verhalten als „unbewußte" Aggression gedeutet wurde, kann in der Psychiatriegeschichte des 20. Jahrhunderts durchaus ihren Platz einnehmen neben den bekannten biologisch motivierten Grausamkeiten.

Inzwischen sind die Psychiater einstimmig davon abgerückt, die Ursache der Schizophrenie im Verhalten der Familienmitglieder zu sehen. Dafür gilt ihr Augenmerk jetzt der Frage, wie die Familie das Rückfallrisiko beeinflußt. Aufwendige, breit angelegte Untersuchungen, in die viel psychologischer und statistischer Scharfsinn sowie hohe Forschungsgelder einflossen, führten zu der Erkenntnis, daß es den aus der Psychiatrie Entlassenen zuhause umso besser geht, je ausgeglichener und gelassener die übrigen Familienmitglieder sind. Wer hätte das gedacht?

Die, die es nicht sind, sondern zur Bevormundung und Überbehütung neigen oder den Kranken kritisieren und ablehnen, erhöhen sein Rückfallrisiko. *„Deshalb ist es für alle Angehörigen unumgänglich, sich mit den Besonderheiten der Erkrankung vertraut zu machen und in Angehörigengruppen zu lernen, mit diesen Schwierigkeiten möglichst gut zurechtzukommen"*, heißt es in einem Ratgeber für Patienten und Angehörige.

Es muß hier wohl nicht wiederholt werden, daß diese aufschlußreichen Erkenntnisse an großen Versuchsgruppen Schizophrener gewonnen wurden, in denen alle zusammengewürfelt waren, die heute unter dieser Diagnose und mit einer Langzeitverordnung aus der Klinik entlassen werden.

Zum Beispiel die junge Frau mit der Diagnose Schizoaffektive Psychose, die über ihre aufwühlenden Erfahrungen sprechen möchte und sich bei den Eltern immer aufs Neue vergewissert, ob sie wieder gesund wird. Daneben der vermutlich hebephrene junge Mann, der aus seiner Sicht bloß wegen einem Blödsinn völlig zu Unrecht in der Psychiatrie war und sich jetzt noch flegelhafter benimmt als zuvor.

Nehmen wir dazu noch einen Studenten, der nach seinem Zusammenbruch wieder zu den Eltern gezogen ist, jetzt den ganzen Tag antriebslos herumhängt und zu nichts eine Meinung hat. Hunderte von diesen völlig verschiedenen Menschen mit ihren jeweils entsprechend unterschiedlich reagierenden Familien stellten das Untersuchungsmaterial für die genannten statistisch gesicherten Erkenntnisse dar.

Solange Psychiater mit großen Statistiken aufwarten, sich aber nicht der Aufgabe stellen, die unterschiedlichen Bilder und Verlaufstypen der Schizophrenie einzeln zu erforschen, werden sie den einzelnen Familien nichts zu sagen haben. Eltern, Geschwister, Großeltern und andere Verwandte kennen ihr krank gewordenes Familienmitglied besser als jeder Arzt. Soweit sie sich ihrer liebevollen Verbundenheit sicher sind, werden sie nicht viel falsch machen können, wenn sie ihren spontanen Gefühlen folgen. Keine Familie ist ungetrübt von Mißverständnissen, Vorwürfen, Eifersüchteleien und dergleichen. Trotzdem ist ihr Zusammenhalt meistens stark genug, und ihre Kraft kann den psychisch Kranken tragen, solange es nötig ist.

Natürlich ist nicht zu verkennen, daß es auch andere Familien gibt. Manche sind durch Unglück, Konflikte und Spannungen so zermürbt, daß sie kein tragfähiges Netz für ein psychisch krankes Mitglied bilden können.

„Mach uns ja keine Scherereien und nimm deine Medikamente!" Wenn es auch nach sachgemäßer Aufklärung der

Angehörigen bei dieser Haltung bleiben sollte, müssen sich die Betroffenen anderweitig Menschen suchen, auf die sie sich in Krisen stützen können. In den Selbsthilfegruppen der Psychiatrieerfahrenen können tragfähige Beziehungen entstehen.

Familienangehörige, Freunde und Kollegen haben einen unschätzbaren Vorsprung, den psychiatrische Fachleute nie einholen können. Der Patient ist schließlich nach seiner Erkrankung nicht plötzlich nur noch schizophren. Er ist weiterhin ein Mensch mit verschiedenen Wesenszügen, die seine Individualität ausmachen: schüchtern oder geltungsbedürftig, gewissenhaft oder unbekümmert, uneigennützig oder egoistisch usw., und er hat weiter seine bestimmten Vorlieben und Abneigungen. Gerade bei den gutartigeren Schizophrenien spielen diese persönlichen Merkmale für den Verlauf eine größere Rolle als die vorübergehenden krankhaften Veränderungen.

Was die Fachleute bewußt lernen und üben müssen, nämlich einen psychisch Kranken auch mit seinen gesunden Anteilen wahrzunehmen, das tun die natürlichen Bezugspersonen ganz selbstverständlich.

Psychosepatienten, die sich gesund genug fühlen, um ihr Leben – wieder – selbst in die Hand zu nehmen und die auch von vertrauenswürdigen Menschen für so gesund gehalten werden, tun also gut daran, Arbeiten und Wohnen *außerhalb* der sozialpsychiatrischen Versorgungsangebote zu organisieren.

Therapeutische Wohngemeinschaften und Arbeitsprojekte können ein Sprungbrett für die sein, die nach der Erschütterung durch eine Psychose sehr verunsichert sind und sich noch einige Zeit in einer gewissen Geborgenheit festigen müssen. Unverkennbar ist aber, daß es auch in diesem Bereich zu unnötigen Chronifizierungen kommen kann.

Dem betreuenden Personal fällt die Arbeit mit den koope-rativen, einsichtigen, also den weniger schwer betroffenen-Schizophrenen natürlich leichter als mit den oft wenig zu-gänglichen schwerer Kranken. Für diese letzteren waren die komplementären Einrichtungen der Sozialpsychiatrie aber ursprünglich gedacht. Allerdings verlangt die Arbeit mit ihnen ein entscheidendes Etwas, das zum professionellen Know-how dazu kommen muß und das sich nur mit dem Wort Liebe bezeichnen läßt.

Die so Vieles umfassende Diagnose Schizophrenie führt dazu, daß für Patienten mit eher günstiger Prognose ein immer differenzierteres Angebot besteht, während die schwierigen, chronisch beeinträchtigten Patienten wie ge-habt in den Familien mitgetragen werden, in schlecht aus-gestatteten Langzeitheimen verschwinden und auch immer sichtbarer unter den Obdachlosen werden.

Von den organisierten Psychiatrie-Erfahrenen ist nicht zu erwarten, daß sie sich für chronisch Kranke einsetzen. Auch wenn viele von ihnen die Diagnose schizophren be-kamen, spüren sie vermutlich zu Recht, daß sie mit wirk-lich Schizophrenen kaum Gemeinsames haben.

Wer gesund und krankheitseinsichtig genug ist, um sich einer Selbsthilfegruppe anzuschließen, hat das Glück ge-habt, nach den Verheerungen einer Psychose immer wieder zu sich zu kommen und daher mit anderen gemeinsam sinn-voll tätig werden zu können.

Wie sinnvoll diese Vereinigungen sind, soll hier nicht noch einmal ausgeführt werden, da es bereits gute Darstel-lungen gibt, z. Bsp. das Buch *Experten in eigener Sache* von R. Geislinger (siehe Literaturverzeichnis).

Praktisch am bedeutsamsten dürfte der Erfahrungsaus-tausch über die rechtzeitige Erkennung und den Umgang mit psychotischen Krisen sein (siehe dazu auch das Buch

Bevor die Stimmen wiederkommen von Gartelmann/Knuf).
Für viele besteht in diesen Gruppen die einzige Möglichkeit, offen über ihre Psychiatrieerfahrungen zu sprechen.
Im Kollegen- und Bekanntenkreis ist diese Scheu berech-
tigt, wird doch das diagnostische Etikett „schizophren,
schizoaffektiv" in der Allgemeinheit mit einer ernsten un-
heilvollen Krankheit assoziiert. Gut gemeinte Aufklärungs-
broschüren konnten daran bisher nicht viel ändern, deshalb
dürfte es auf lange Sicht sinnvoller sein, für die günstigere
Verlaufsform einen eigenen Begriff zu prägen.

Psychiatrieerfahrene erarbeiten vielerorts gemeinsam
mit patientenorientierten Ärzten individuelle Behandlungs-
vereinbarungen für den Fall, daß eine neue Klinikaufnahme nötig wird. Selbstredend ist dafür bei den Betroffenen
ein klares Bewußtsein über die eigene Krankheitsgefähr-
dung genauso erforderlich wie ein Mindestmaß an Selbst-
vertrauen und Intelligenz. Auch hier wieder ist Haben oder
Nicht-Haben kein persönliches Verdienst, sondern Glücks-
sache.

Zweifellos ist es nicht die vordringliche Aufgabe der
Psychiatrieerfahrenen, den Psychiatern wissenschaftlich auf
die Sprünge zu helfen. Trotzdem dürfte die Konsolidierung
dieser Gruppen der wichtigste Beitrag zur Weiterentwicklung der Psychiatrie sein, seit Einführung der Neuroleptika.

Dank ihrer letztlich ermutigenden Erfahrungen – per-
sönlich mitgeteilten und veröffentlichten – habe ich mich
getraut, als altgediente Psychiaterin noch einmal mit all
diesen Fragen daherzukommen.

Zuletzt sei noch ein Berufsstand erwähnt, dessen vielfältige Aufgaben sich auch auf die Psychiatrie erstrecken:
die Juristen. Die Einteilung zum Vormundschaftsgericht und
die Zuständigkeit für Unterbringungen gilt unter ihnen all-

gemein nicht gerade als Traumversetzung. Rechtsanwälte, die sich auf diese Materie spezialisieren, lassen sich in Deutschland an einer Hand abzählen.

Wie entscheidend Juristen bestimmen, ob ein akut psychotisch Erkrankter Glück oder Pech hat, sahen wir am Fallbeispiel 3 im Kapitel über Fehldiagnosen. Hätte die Richterin nicht pflichtgemäß ihre eigene Einschätzung zugrunde gelegt, sondern sich sicherheitshalber auf das Gutachten der Ärzte verlassen, so wäre aus dem kurzfristigen Ausnahmezustand des geschilderten Mannes eine mittlere Katastrophe für ihn geworden.

Richter, Rechtspfleger und Rechtsanwälte sorgen dafür, daß die volkstümliche Befürchtung, man könne zu Unrecht auf lange Zeit hinter psychiatrischen Klinikmauern verschwinden, unbegründet ist. Wer sich aus gegebenem Anlaß genauer über ihre Zuständigkeiten und Möglichkeiten informieren möchte, sei noch einmal auf das Buch *Zwang* von R. Winzen verwiesen.

Was Juristen eindeutig nicht können, ist, sich in die wissenschaftlichen Kontroversen der Psychiatrie einzumischen. Hier folgt die herrschende Rechtsprechung der herrschenden Lehre. Solange die herrschende Lehre der Psychiatrie auf dem Konzept der Schizophrenie vom Jahre 1911 fußt, werden auch sie sich gelegentlich mit Ungereimtheiten herumschlagen müssen.

Eines Tages sollten Psychiater so selbstverständlich wie andere Ärzte ihren Patienten gegenüber für Kunstfehler gerade stehen müssen. Voraussetzung dafür wäre allerdings ein wissenschaftliches Niveau dieser ärztlichen Kunst, von dem derzeit noch nicht die Rede sein kann.

Ein patientengerechter Umgang mit ärztlichen Fehlern setzt überdies auf allen Seiten die Entstehung einer fehlerfreundlicheren Kultur voraus. Es muß klar sein, daß Fehler auch bei bestem Bemühen und aller Sorgfalt vorkommen können, und nicht zwangsläufig auf Unfähigkeit oder gar Bosheit beruhen. In der Luftfahrt und in der Computerwelt wird in diesem Sinne bereits zu Fehlerfreundlichkeit aufgefordert, weil es der sicherste Weg ist, Fehler zu erkennen, zu beseitigen und zu vermeiden.

Allerdings sind einer Verrechtlichung der Arzt-Patient-Beziehung in der Psychiatrie noch engere Grenzen gesetzt als in der sonstigen Medizin. Hier steht schon oft genug Gutachten gegen Gutachten, weil die Medizin eben keine exakte Wissenschaft ist, sondern sich nur *soweit möglich* objektiver Methoden bedient. In der psychiatrischen Forschung sind Bestrebungen zur Objektivierung psychischer Krankheitszustände anhand von Skalenwerten und dergleichen lebhaft im Gange und führen zu absurden Vereinfachungen, wie wir im Kapitel 5 sahen.

Bevor derartige Meßinstrumente für die Alltagspraxis eingeführt werden, wird sich hoffentlich bereits – wieder – die Erkenntnis durchgesetzt haben, daß eben doch nicht alles meßbar ist. Am allerwenigsten der Mensch in seinem besonders menschlichen Leiden.

Literaturverzeichnis

Buber, Martin: Das dialogische Prinzip. Gütersloher Verlag, Gütersloh 1997.– Der auf S. 78 erwähnte Geheimtip für psychiatrisch Tätige.

Diagnostische Kriterien DSM-IV. Hogrefe Verlag, Göttingen 1998

Diagnostisches und Statistisches Manual Psychischer Störungen DSM-III-R. Beltz Verlag, Weinheim, 1991

Emrich, Hinderk M.: Psychiatrische Anthropologie. Therapeutische Bedeutung von Phantasiesystemen. Pfeiffer Verlag, München 1990, vergriffen

Faust, Volker: Schizophrenie. Erkennen und Verstehen in Fragen und Antworten. Arcis Verlag, München 1996

Gartelmann, Anke; Knuf, Andreas (Hg.): Bevor die Stimmen wiederkommen. Vorsorge und Selbsthilfe bei psychotischen Krisen. Psychiatrie-Verlag, Bonn 1997

Geislinger, Rosa (Hg.): Experten in eigener Sache. Psychiatrie, Selbsthilfe und Modelle der Teilhabe. ZENIT Verlag, München 1998

Internationale statistische Klassifikation der Krankheiten und verwandter Gesundheitsprobleme.10. Revision, ICD 10. Verlag Hans Huber, Bern 1994

Kempker, Kerstin; Lehmann, Peter (Hg.): Statt Psychiatrie. Peter Lehmann Verlag, Berlin 1993

Lehmann, Peter (Hg.): Psychopharmaka absetzen. Peter Lehmann Verlag, Berlin 1998

Leonhard, Karl: Bedeutende Persönlichkeiten in ihren psychischen Krankheiten. Beurteilung nach ihren eigenen Schriften und Briefen. Ullstein-Mosby Verlag, Berlin 1992.– Wie auf S. 85 erwähnt, ein auch für anspruchsvolle Laien lesenswertes Buch. Es macht die differentialdiagnostische Feinarbeit eines Psychiaters nachvollziehbar. Für sein biografisches und psychologisches Verständnis psychisch kranker Menschen kommt der Autor ohne psychoanalytische Spekulationen aus.

Peters, Uwe Henrik: Wörterbuch der Psychiatrie und medizinischen Psychologie. Urban & Schwarzenberg Verlag, München 1984

Romme, Marius; Escher, Sandra: Stimmen hören akzeptieren. Psychiatrie-Verlag, Bonn 1997

Stratenwerth, Irene: Wahn & Sinn. Verrückte Lebenswege von Frauen. KleinVerlag, Hamburg 1997.– Wieder gesund gewordene Frauen schildern ihre Psychiatrieerfahrungen.

Teresa von Avila: Die innere Burg. Diogenes Taschenbuch.– Hilfreich zur Unterscheidung zwischen mystischer und krankhafter Bewußtseinsveränderung.

Winzen, Rudolf: Zwang. Was tun bei rechtlicher Betreuung und Unterbringung? Wie Vorsorge treffen? ZENIT Verlag, München 1999.– Wie bereits auf S. 127 und 139 erwähnt, ein wichtiges Buch für Psychiatriepatienten, die bereits mit einer psychiatrischen Behandlung ohne oder gegen ihre Zustimmung Erfahrungen machen mußten. Leider ist hier Einmal nicht unbedingt Keinmal. Sicherheitshalber sollte mit einer möglichen Wiederholung gerechnet werden. Ebenso wichtig für Angehörige, die sich in Abstimmung mit ihrem psychisch kranken Familienmitglied ein gewisses Mitspracherecht bei der Klinikbehandlung sichern möchten.

Josef Zehentbauer

Chemie für die Seele

Psyche, Psychopharmaka
und alternative Heilmethoden

8. Auflage

406 Seiten, zahlreiche Abbildungen

DM 36,–   ISBN 3-928316-11-7

Dieses Buch enthält gewissermaßen zwei Bücher: erstens einen detaillierten Ratgeber und zweitens ein umfassendes Nachschlagewerk – alles, was der kritische Konsument über Psychopharmaka, über legale und illegale Drogen wissen muß.

Der Autor versteht es geradezu meisterhaft, allgemeinverständlich und plastisch Wirkungen, Nebenwirkungen und Risiken der gängigen Psychopharmaka zu erläutern.

Ausführlich stellt er alternative Medikamente vor, zeigt aber auch viele nicht-medikamentöse Möglichkeiten der Behandlung auf.

Der Anhang enthält ein kleines Lexikon der Fachausdrücke und ein Verzeichnis hilfreicher Adressen.

Der ZENIT Verlag im Internet: www.zenit-verlag.de